Un grito de socorro desde Juárez

Un grito de socorro desde Juárez

Crónica de un asesinato impune

Arsène van Nierop

Traducción
Ingrid Therese de Vries

Revisión
José Zepeda

Prólogo
Sergio González Rodríguez

Grijalbo

Un grito de socorro desde Juárez
Crónica de un asesinato impune

Título original en holandés: *Noodkreet uit Juárez*
Primera edición: abril, 2014

Traducción: Ingrid Therese de Vries
Revisión de la traducción: José Zepeda, radiomedianaranja.com

www.megustaleer.com.mx

Comentarios sobre la edición y el contenido de este libro a:
megustaleer@rhmx.com.mx

ISBN 978-607-312-217-7

Impreso en México / *Printed in Mexico*

Índice

Breviario ... 9
Prólogo ... 13

1. El mundo a sus pies ... 21
2. Los días más negros ... 25
3. Memorias de Hester ... 43
4. La vida continúa ... 49
5. Las primeras fiestas ... 73
6. Un poco más de claridad ... 81
7. Asociación para padres de hijos asesinados ... 89
8. El "después" no llegará nunca ... 93
9. Difusión de Amnistía Internacional ... 101
10. Nuestro primer viaje a Ciudad Juárez ... 111
11. Una de muchas ... 139
12. Fundación Hester ... 147
13. México en acción ... 163
14. Atención desde el Parlamento Europeo ... 169
15. Cómo evolucionaba Casa Amiga ... 179
16. La película *Bordertown* ... 183

17. Esther gravemente enferma 187
18. La Unión Europea y el gobierno mexicano 203
19. Avance en el Parlamento Europeo 211
20. Un largo camino por delante 217

Epílogo. Los acontecimientos después
de la publicación del libro 221
El desenlace 243
Recuento. Irma Casas 249
Anexo. Entrevista con Raül Romeva,
5 de diciembre de 2013 253

Breviario

El 19 de septiembre de 1998 Hester van Nierop fue asesinada en Ciudad Juárez. Los primeros años que siguieron al asesinato su madre se vio forzada a encontrar un nuevo equilibrio. En el curso del primer año después del asesinato se descubrió que Hester no era la única mujer asesinada en Ciudad Juárez. Entre 1992 y 1998, 400 mujeres corrieron la misma suerte que la hija de Arsène van Nierop-Seipgens.

En un principio se daba por hecho que las autoridades mexicanas, la policía y la justicia cumplirían con su deber, pero el asesino de Hester no fue detenido de inmediato y comenzaron a surgir dudas sobre los esfuerzos de las autoridades.

El escritor y periodista mexicano Sergio González Rodríguez entrevistó a Arsène van Nierop-Seipgens para el libro *Huesos en el desierto.* Ahí surgió la idea de denunciar la muerte de Hester ante Amnistía Internacional, porque se trataba de un feminicidio. Amnistía mencionó el caso de Hester en su informe anual de 2003. Desde entonces la muerte de Hester se conoció en Holanda como un caso de feminicidio. El asunto se convirtió en un ejemplo de la situación desesperada que viven las mujeres en Ciudad Juárez, ante la ausencia de justicia.

En 2004 un programa de televisión de Holanda, *Netwerk*, le propuso a Arsène van Nierop hacer un reportaje sobre los feminicidios en Ciudad Juárez y la invitó a viajar a México. En Ciudad Juárez conoció la organización Casa Amiga y a su fundadora, Esther Chávez. Ella fue quien la llevó con la policía, la relacionó con el aparato de justicia mexicana y la presentó con otras madres de niñas asesinadas. De regreso en Holanda, decidió crear la Fundación Hester, para ayudar a Casa Amiga y a las mujeres de Juárez.

En 2005 Radio Nederland Wereldomroep inició un debate sobre la impunidad en Ciudad Juárez. La primera parte del debate se realizó en La Haya; la segunda, en la Ciudad de México.

En 2007, viajó nuevamente a Ciudad Juárez. Ese mismo año el feminicidio fue tema de debate en el Parlamento Europeo, donde ella relató sus experiencias con la policía y la justicia de México. En 2008 el Parlamento Europeo redactó un informe con recomendaciones. Desde entonces la situación del feminicidio y de la violencia contra la mujer en México y Centroamérica es evaluada con regularidad. En 2007 Arsène van Nierop-Seipgens recibió una condecoración de la Reina de Holanda.

En 2008 —cuando escribió este libro, titulado en holandés *Noodkreet uit Juárez*—, nuevamente regresó a México con el programa de televisión *Netwerk*, para ver si algo había cambiado en torno a los feminicidios. Ese mismo año solicitó ayuda al ministro de Relaciones Exteriores de Holanda, Maxime Verhagen. Su abogada en México le aconsejó presentar el caso de Hester ante la Corte Interamericana de Derechos Humanos (CIDH) en Washington, pero le faltó dinero para ello. El Ministerio de Relaciones Exteriores de Holanda tomó el caso en sus manos y presentó seis casos ante la CIDH, entre ellos el de Hester.

Arsène van Nierop-Seipgens y su esposo fueron invitados por la reina, el príncipe Guillermo Alejandro y su esposa, la princesa Máxima, para hablar de sus experiencias con la policía y la justicia mexicanas, antes de que ellos efectuaran una visita oficial a México.

En noviembre de 2010 ella quiso viajar nuevamente a Ciudad Juárez, pero la embajada holandesa en México le aconsejó que se desistiera. Y con razón: entre diciembre de 2011 y enero de 2012 tres activistas habían sido asesinadas.

Cada vez más, la Fundación Hester llena su vida. "Yo no puedo poner fin a la criminalidad en Ciudad Juárez —explica—, pero sí puedo intentar darles a las mujeres una mayor autoestima, para que tomen las riendas de su vida y luchen contra la impunidad." Cada año la Fundación Hester apoya a Casa Amiga con recursos económicos para su funcionamiento.

En 2011 inició el proyecto Autodefensa para mujeres y se financió la realización de una biblioteca para Casa Amiga. En 2011 y 2012 se respaldó el proyecto Información y denuncia de la violencia doméstica contra las mujeres de Ciudad

Juárez. Más de 3 500 personas recibieron ayuda urgente, más de 600 participaron en el curso de derechos civiles, 1 400 se beneficiaron de asesoría judicial, 6 330 jóvenes y adultos recibieron información sobre la prevención de violencia, 550 profesores tuvieron acceso a la misma información y 650 personas siguieron una terapia después de haber sido víctimas de violencia.

En 2012 apoyó la organización de una exposición y subasta de obras de arte con el tema *Esperanza*. Los beneficios económicos para Casa Amiga fueron notables. La exposición se organizó en La Haya, la ciudad símbolo del Derecho Internacional y la Paz. La revista *Proceso* publicó un amplio reportaje.

En 2013 se conmemoró el decimoquinto aniversario del asesinato de Hester. En noviembre se organizó por segunda vez una conferencia en su honor. El ministro holandés de Relaciones Exteriores, Frans Timmermans, participó con el discurso central. La señora Gerdi Verbeet, ex presidenta de la Segunda Cámara del Parlamento holandés, presidió la conferencia. La lucha por mantener viva la memoria de Hester y el grito de socorro desde Juárez continúa.

Prólogo

Sergio González Rodríguez

Entre las decenas de mujeres asesinadas en Ciudad Juárez, se distingue el caso de Hester van Nierop.

No sólo porque se trata de la única extranjera en la larga lista, sino por el empeño de su familia y, en particular, de su madre Arsène, quien ha podido registrar en detalle mediante una escritura de lucidez y dolor la ineficacia de las autoridades mexicanas en la investigación del crimen que le quitó la vida a la joven holandesa.

La voz y tenacidad de una mujer valiente ha hecho posible mantener, 15 años después del salvaje asesinato de su hija, el reclamo de justicia y la denuncia contra las fallas gubernamentales. El crimen permanece impune, como tantos otros delitos.

En México, hay que recordarlo, existe un índice de impunidad integral de todos los delitos que se cometen: las propias autoridades del país estiman la impunidad en 92 por ciento, otros organismos ratifican 99 por ciento al respecto.

En tal adversidad se halla el origen de una tragedia nacional, comunitaria e íntima en cada caso.

El libro *Un grito de socorro desde Juárez*, de Arsène van Nierop, ofrece dos grandes valores: el relato que documenta los hechos en torno del asesinato de Hester; y las consecuencias personales y familiares de su desaparición.

Pocos testimonios resultan más impactantes que la búsqueda de una explicación ante una muerte injusta, como la que padeció Hester a los 28 años de edad, cuya historia alcanza un rango desgarrador: la joven viaja de buena fe a México, decide visitar Ciudad Juárez y, en pocas horas, su cuerpo es hallado sin vida en la habitación de un hotel turbio.

Sólo en un entorno de barbarie pudo consumarse un crimen tan lleno de preguntas sin respuesta, al igual que de sombras y contradicciones. Responder algunas preguntas y arrojar luz sobre las circunstancias es también otra de las tareas que enriquecen *Un grito de socorro desde Juárez.*

Desde el asesinato de Hester van Nierop, la situación para las mujeres en Ciudad Juárez persiste en un perfil alto de barbarie. Sobre todo, porque la trama institucional y empresarial que sostiene a esta urbe fronteriza continúa bajo el mismo esquema desigual, de escasas perspectivas de mejoría en la calidad de vida de las personas. El auxilio de los privilegiados a una comunidad disminuida se limita a una visión asistencial o filantrópica.

Asimismo, los programas federales, estatales y locales de impacto social que diversos gobiernos han implantado para atender problemas urgentes (seguridad pública, violencia contra las mujeres, marginación, carencia de ofertas culturales, etcétera) han tenido logros esporádicos y parciales.

Ciudad Juárez es todavía una de las urbes más violentas del mundo, y los asesinatos contra mujeres se han acentuado en los últimos años. Al mismo tiempo, se ha incrementado la negativa del poder económico y político a reconocer el drama de las asesinadas.

Cuando publiqué mi libro *Huesos en el desierto* (2002) nunca imaginé que encontraría un rechazo a su contenido por parte de las clases dirigentes y los medios de comunicación de la frontera, en particular, gran parte de la prensa local.

La causa del desastre en Ciudad Juárez hay que ubicarla en un trasfondo: el rechazo a reconocer una corresponsabilidad en los hechos de parte de las clases dominantes y, de ahí, a sus empleados y voceros, a los policías y funcionarios, o a la inadvertencia de muchas personas que los rodean. Arsène van Nierop pronuncia una pregunta decisiva en su libro: "¿Cómo podría sanarse a una sociedad tan corrompida?"

La animadversión contra quienes denunciamos aquellos asesinatos sistemáticos, viene sobre todo de quienes detentan el sistema de dominio que allá rige, e implica a la industria ensambladora, uno de los motores económicos en la frontera, y la incidencia del narcotráfico en la economía local a través del blanqueo de dinero u otras actividades criminales, por ejemplo, el contrabando. La molestia de los poderosos ante el tema del feminicidio ha ratificado una voluntad de exterminio basada en la explotación de las personas y el desprecio a la vida humana.

La manipulación de las cifras oficiales sobre los asesinatos de mujeres, siempre erráticas y contradictorias, ha sido una apuesta indigna de quienes insisten en negar hechos documentados no sólo por investigadores independientes, sino por organismos internacionales.

La Comisión Interamericana de Derechos Humanos ya condenó al Estado mexicano, entre otras cosas, por las cifras oficiales sobre la violencia contra mujeres allá.

En los últimos años, se han incrementado los asesinatos y la desaparición de niñas, menores y jóvenes en dicha frontera. La situación para las mujeres en Ciudad Juárez ha empeorado desde los años del asesinato de Hester van Nierop, como lo muestra el informe del Colegio de la Frontera Norte llamado "Comportamiento espacial y temporal de tres casos paradigmáticos de violencia en Ciudad Juárez, Chihuahua, México: el feminicidio, el homicidio y la desaparición forzada de niñas y mujeres (1993-2013)".

Ahí se lee: "La justicia permanece ausente. Además, con la escalada de niñas desaparecidas y mujeres desde 2008, y el descubrimiento de esqueletos femeninos en los años 2011, 2012 y 2013, podemos decir que el compromiso de la erradicación del feminicidio sigue sin cumplirse".

Desde veinte años atrás, el gobierno de Chihuahua se ha especializado en inventar acusaciones, resolver con mentiras múltiples casos y tejer historias inverosímiles con el fin de desviar la atención sobre su trabajo ineficiente y corrupto. Así, maquinó la inculpación de personas sin prueba alguna, como en el caso de Abdel Latif Sharif Sharif, o la supuesta banda de Los Choferes.

A principios de 2014, las autoridades mexicanas anunciaron la captura de un sujeto al que inculpan del asesino de Hester van Nierop. Para la familia de la víctima, la detención parece un consuelo, después de tanto tiempo de exigir justicia. Sin embargo, como en muchos procesos judiciales de asesinatos de mujeres en Ciudad Juárez, persiste el cuestionamiento sobre la veracidad y eficacia de las autoridades de Chihuahua. Será necesario un juicio debido en el que, sin lugar a duda razonable, se demuestre con evidencias y pruebas periciales que el sujeto detenido es el culpable del crimen, más allá de señalar que sus características físicas coinciden con las de un retrato hablado que se elaboró 15 años atrás. ¿Por qué hasta ahora se tuvo un supuesto resultado de las investigaciones?

Hay que recordar también que el Estado y el gobierno mexicanos han incumplido en su totalidad la sentencia (2009) de la Corte Interamericana de Derechos Humanos respecto de los casos del campo algodonero, acontecidos en 2001.

Más que nunca, se debe cuestionar a las autoridades mexicanas, sobre todo, a las de Chihuahua y de Ciudad Juárez, donde prevalece un entorno de explotación extrema, donde la oligarquía local ha patrocinado la idea de que el feminicidio es un "mito" o una "mentira", que nunca se registraron "asesinatos en serie" de mujeres, contra la amplia documentación de los hechos.

Por desgracia, la violencia contra niñas, menores y mujeres en Ciudad Juárez se ha multiplicado en todo el país.

Como lo narra en *Un grito de socorro desde Juárez*, Arsène van Nierop pudo conocer las carencias de la justicia mexicana y también, como contraparte necesaria, la solidaridad de muchas personas que la ayudaron a comprender la situación que sufrió su hija Hester y el contexto de la violencia de la que fue víctima. Entre ellas, la autora reconoce en un sitio especial a Esther Chávez Cano, pionera en la defensa de las mujeres asesinadas a partir de su organismo de apoyo Casa Amiga.

Tuve la fortuna de entablar comunicación con Arsène van Nierop por correo electrónico cuando investigaba algunos datos sobre su hija Hester para incluir su caso en un capítulo de *Huesos en el desierto*. Cuando se publicó este libro, envié un ejemplar a Arsène que, ahora descubro, nunca recibió.

Desde aquellos años, mis comunicaciones postales y electrónicas han sido objeto de intercepciones, que se complementan con una vigilancia habitual a mi persona: agentes que se mantienen atentos a mis encuentros con periodistas, editores, o viajeros extranjeros en México. Así lo registré en aquel libro.

Los asesinatos de mujeres de Ciudad Juárez, "demasiado fuertes y complejos incluso para el FBI", como declaró un ex jefe policial, involucran no sólo aspectos criminales, sino que encubren intereses de alto nivel que trascienden la propia frontera, de ahí las dificultades y los riesgos que ha conllevado indagar a fondo el tema.

Ahora, el caso de Hester van Nierop está en manos del gobierno holandés que lo ha llevado en 2011 a la Comisión Interamericana de Derechos Humanos, la cual en su momento se pronunciará sobre la actuación del gobierno mexicano, cuyos errores y dolo al respecto han sido evidenciados por organismos civiles desde años atrás.

Como un modo de contrarrestar la impotencia y enfado ante la ineptitud de las autoridades mexicanas, Arsène van Nierop decidió establecer la Fundación Hester, dedicada al apoyo de mujeres víctimas de distintas formas de violencia. Se trata de un organismo dedicado a honrar a Hester van Nierop, y que permite renacer el espíritu generoso, abierto, de enorme calidez humana que la caracterizó en su breve pero fructífera vida.

Un grito de socorro desde Juárez está lejos de ser un libro común, y evita ser una obra fúnebre, tampoco es un relato de nota criminal. Por el contrario, ofrece una invocación a la vida, a la resistencia a la barbarie. Y significa un testimonio de amplia calidad humana que invita a la comprensión, la solidaridad y el rechazo a toda violencia, en especial, contra las mujeres.

Entre la infinidad de historias de las que el mundo actual dispone, la de Hester van Nierop, por lo que implica el contraste de una vida plena enfrentada a la crueldad más atroz, está llamada a perdurar.

Este libro conmovedor es un monumento a su memoria.

Capítulo 1

EL MUNDO A SUS PIES

Julio de 1998. Fiesta. ¡Una gran fiesta! ¡Hester terminó su carrera! Nuestra Hester, esa niña espontánea, lo logró. Tardó un poco más de lo previsto, pero incluso consiguió buenas notas. Hester es ahora una verdadera arquitecta y se puede llamar "ingeniera". Estamos muy orgullosos, acompañados por amigos y familiares, en Delftse Hout, gozando del sol, del atardecer y del champán. Sus viejas tías, sentadas, conversan animadas. Los demás estamos sobre una alfombra en la hierba. Un encuentro no muy organizado, en el que todo transcurrió con naturalidad.

Típico en Hester: nada de pompa, pero sí buen champán. Llamó por teléfono uno de sus amigos, que no encontraba el lugar de la fiesta.

—No los encuentro. ¿Dónde están?

—Quédate donde estás, voy a buscarte —respondió Hester.

Tras la llamada, ella misma corrió a donde se encontraba un grupo de pescadores, les pidió prestada una bicicleta y, para el asombro de todos, montó en ella con su largo vestido azul de graduación. Regresó poco después con el chico perdido.

Dos semanas después partió a Estados Unidos para admirar la arquitectura y buscar trabajo por seis meses.

—Hester, ¿estás segura de que quieres ir sola? —le pregunté antes del viaje.

—Sí, mamá —me contestó, segura de lo que hacía—, será el viaje de mi vida. Primero a ver a Melisse en México y luego a buscar trabajo.

Melisse, su hermana dos años menor, ya llevaba cinco meses en México, participando en un proyecto de protección de tortugas en la costa. Por esto no había asistido a la fiesta de graduación.

Hester había elaborado un minúsculo libro con todo lo que había diseñado hasta ese momento: metros y metros de papel convertidos en edificios de maqueta, papel reducido a casitas de duendes, bien ordenadas. Con ese material podía buscar trabajo. El equipaje para los seis meses cabía en su mochila. Todo lo había tomado en cuenta: un vestido negro para las entrevistas de solicitud de empleo y un suéter grueso por si hacía frío. A pesar de sus casi 28 años, era aún mi niña pequeña; sin embargo se desenvolvía como una adulta independiente.

En agosto mi marido Roeland, nuestro hijo Germán y yo la llevamos a Bruselas. Hacía un tiempo espléndido, los cuatro deambulábamos por la ciudad en la tarde y encontramos en una de sus calles un lugar agradable para la cena de despedida. A la mañana siguiente, a primera hora, nuestra hija partió. Hasta el último minuto ella discutía con su hermano Germán, haciéndose la hermana sabionda, pero se contentaron y nuestra niña desapareció detrás de la aduana, con su mochila cargada de sueños.

Mi esposo y yo decidimos viajar a México a principios de septiembre. Naturalmente preguntamos a nuestras hijas si les parecía buena idea. Estuvieron muy de acuerdo y nos recogieron en el aeropuerto Benito Juárez de la Ciudad de México.

El lugar donde trabajaba Melisse era un paraíso: una playa con palmeras, espumosas olas, un clima espléndido, pero húmedo, y en la noche había miles de pequeños mosquitos. Dormíamos en tiendas de campaña y con la humedad la arena se pegaba a todo, pero no importaba demasiado, ya que era sólo por una noche. Al día siguiente Melisse nos mostró los huevos de tortuga y las tortugas recién nacidas. Incluso había pequeños cocodrilos. Melisse explicó que por la noche recorrían la playa en motocicleta, buscando indicios de nuevos huevos de tortuga, y luego los recogían para que pudieran ser incubados en un lugar protegido.

Después viajamos por México con Hester y Melisse, durante una semana. Una naturaleza preciosa y gente muy agradable, acogedora; fue una semana que no olvidaremos jamás.

Melisse volvió al paraíso de las tortugas y nosotros acompañamos a Hester hacia el norte. Juntos estudiamos el mapa:

¿Cuál era el mejor sitio para cruzar la frontera con Estados Unidos? Tijuana no, porque hay una atmósfera desagradable. Mejor en medio del desierto, no puede haber nada malo ahí. Pensamos en Ciudad Juárez. La famosa guía de viajes *Lonely Planet* hablaba de una ciudad industrial, gris y fea.

El jueves dejamos a Hester en un autobús. El plan era que ella visitara un sitio arqueológico al norte y Roeland y yo volviéramos a Holanda, vía la Ciudad de México. Recuerdo esa despedida, a la una y media de la tarde:

—Adiós, Hester, cuídate mucho. Adiós, cariño —se me llenaron los ojos de lágrimas, no la vería en seis meses…

Roeland y yo nos quedamos unos días en la Ciudad de México, y recuerdo muy bien de que el sábado por la noche nos paramos frente a la ventana de nuestro hotel y nos dijimos cuán orgullosos estábamos de nuestras dos hijas creativas e independientes. En la calle los mariachis tocaban música alegre, excitante. Teníamos que hacer estos viajes más a menudo. Al día siguiente partimos hacia Holanda.

Capítulo 2

LOS DÍAS MÁS NEGROS

Un día después de regresar a Holanda nuestro hijo Germán fue a vernos para escuchar las novedades de las vacaciones y mirar las fotografías. Él no había ido con nosotros porque tenía un nuevo empleo como diseñador gráfico. A los cinco años de edad Germán entró en nuestra familia como hijo adoptivo. Nació en Perú, y en su niñez cayó en agua hirviendo. Su brazo derecho se quemó y estaba deforme. Después de un fuerte terremoto su padre pidió ayuda a Terre des Hommes y los colaboradores de esa organización constataron que sólo podía ser tratado en Holanda. La solución significó una despedida muy dolorosa: era el menor de ocho hijos y angustiaba enormemente al padre tener que separase de su hijo. Pero su padre pensó en el futuro de Germán, y así llegó desde muy pequeño, por razones médicas, a nuestra familia.

Nosotros siempre habíamos deseado tener una familia grande y por eso decidimos acoger con alegría a Germán, hasta que fuera adulto. Tuvo que ser sometido a cirugía plástica cada dos años. Cuando cumplió 21, viajamos con toda la familia a Perú, para que volviera a ver a su padre, hermanos y hermanas. Nos enteramos de que su madre había fallecido hacía muchos años.

Tras la despedida de Hester, Germán lamentó no habernos acompañado a México, sobre todo cuando vio las fotos de sus hermanas en la playa con palmeras y en la jungla, pero le encantó escuchar las historias que le contamos. Como era entre semana, partió temprano para volver a su casa y nosotros todavía sentíamos las consecuencias del *jet lag.* A media noche sonó el timbre de la puerta. Ya estábamos acostados, pero rápidamente nos pusimos algo para abrir. Había dos policías.

—¿Son ustedes los padres de Hester van Nierop? —preguntó uno de ellos.

Lo que ocurrió después apenas se puede describir: el suelo se desvaneció debajo de mis pies. "Mal asunto", me dije a mí misma. En mi mente aparecieron todo tipo de escenarios. Roeland y yo entramos en pánico.

—Tenemos que contarles algo terrible —continuó el policía ante nuestro silencio—. Hester murió asesinada. Desconocemos los detalles, pero tenemos un número de teléfono de la embajada de Holanda en México.

"¿Cómo era posible? ¿Qué había ido mal? ¿Cómo le podía haber ocurrido esto a ella?", pensé no sé cuánto tiempo, sin dar con una sola respuesta. Me recompuse. Llamé a la embajada, pero había un contestador automático. Por suerte la policía holandesa también tenía un número de teléfono de la comandancia de policía en la ciudad donde había ocurrido la muerte de Hester. Llamé de nuevo. Aunque hablamos un español entendible, es complicado tener una conversación telefónica con tal carga emocional. Aun así, no sé cómo me enteré de que Hester había sido encontrada en la habitación de un hotel en Ciudad Juárez, localidad próxima a la frontera con Estados Unidos. El asesino había envuelto su pequeña cintura en una toalla y la había colocado debajo de la cama. Una trabajadora la encontró muerta el domingo por la mañana.

"¡En el momento de su muerte estábamos en la Ciudad de México! ¡Estábamos mirando por la ventana del hotel, escuchando los mariachis, convencidos de que todo estaba estupendo! ¡Nosotros, los padres, tendríamos que haber sentido algo tan terrible! ¿Estaban seguros de que se trataba de Hester?" Eran mis pensamientos recurrentes. Después de la conversación telefónica, los policías se fueron.

Mi esposo y yo estábamos sentados a la mesa del comedor, completamente desesperados y vacíos. Nuestra Hester, que iba a conquistar el mundo, estaba muerta, había sido asesinada... El mundo se convirtió en un profundo agujero negro, vacío. Ya no había más. "¿Por qué ella? Esa niña tan alegre. Apenas había comenzado su viaje. ¿Qué había pasado por la mente de su asesino? ¡Ni siquiera había tenido tiempo para conocerla! ¿Qué podría haber pasado entre ellos? ¿Qué había querido de ella?", seguía preguntándome.

Llamé a Germán y se lo solté sin más:

—¡Hester está muerta! ¡La asesinaron!

Germán estaba completamente desquiciado. Lloraba y gritaba a la vez. No podía de viajar de Rotterdam a La Haya. Llamaría a un amigo para que lo trajera a casa. Cuando llamé a mi hermana Lon tuve que repetir el mensaje tres veces. Lon tenía la esperanza de haberme entendido mal... Ella y su marido Joep subieron inmediatamente al coche para reunirse con nosotros. Después llamé a unos buenos amigos, Bob e Ineke. Vinieron inmediatamente. Bob quería ir a buscar a Germán, pero nuestro hijo no se sentía capaz de venir. Prefirió esperar a sentirse más sereno, y vendría a la mañana siguiente. ¿Y Melisse? ¿Cómo teníamos que contarle esta noticia desastrosa? Todavía estaba en la playa en México y lo ignoraba todo...

Hester había viajado sola durante tres días. Y no había cruzado la frontera. ¿Cómo era posible que alguien la asesinara? Siempre estaba radiante, simpática con todo el mundo. Uno no asesina así como así a alguien, tiene que haber un motivo. Acababa de llegar, no llevaba dinero... Una persona tan bondadosa, era incomprensible. ¿Y ahora qué teníamos que hacer?

Totalmente destrozados nos acostamos. Yo personalmente no quería que empezara otro día. Lo más extraño es que no recuerdo haber llorado. Supongo que sí, pero no fue consciente. Sé que nos dormimos, agotados por todas las emociones. Cuando despertamos el sol brillaba... pero no podía ser. Nunca más debería haber luz, ni sol. Nos vestimos como autómatas. Y antes de darnos cuenta, ya estaban ahí Lon,

Bob e Ineke. ¿Habían dormido en nuestra casa? ¿Se habían ido y vuelto? Ni idea. Y llegó Germán. Yo estaba tan feliz de verlo. Era tan importante rodearnos con gente de confianza.

Teníamos que pensar cómo comunicarnos con Melisse. Germán lo resolvió: iría a buscarla. Por experiencia propia sabía lo terrible que es escuchar una noticia tan atroz por teléfono. Germán quería tomar el primer avión a México, para evitar que Melisse lo leyera en los diarios. Yo estaba agradecida de tener un hijo tan valiente; no es fácil hacer algo semejante. Me daba cuenta de que la relación entre Germán y Melisse nunca más se malograría. Él era realmente parte de la familia.

Fue un viaje con muchos reveses. Germán partió el jueves, viajó en clase ejecutiva, porque la clase económica estaba llena y no llevaba equipaje. Esto hizo que la aduana mexicana sospechara que era un narcotraficante; como peruano podía pasar tranquilamente por mexicano. Lo detuvieron tanto tiempo que perdió su vuelo interno para reunirse con Melisse. Ello significaba que tenía que darse mucha prisa para volver con ella con los boletos ya reservados para el regreso. Tomó un taxi; el viaje se le hizo eterno. Le dio dinero al taxista para que lo esperara y regresar con Melisse. Se encontró con su hermana y cumplió la tarea más difícil de su vida: le contó que Hester, con la que había estado hacía una semana, con la que había reído, discutido, a la que quería tanto… ella, su hermana, había muerto. Estábamos más aliviados cuando pudimos abrazarlos unos días después en el aeropuerto de Ámsterdam. Qué terrible era la ausencia de Hester, especialmente ahora que la familia estaba reunida. Faltaba ella, y faltaría siempre en el futuro.

Los primeros días vivimos en la más absoluta incertidumbre. Todas las comunicaciones con la policía mexicana eran a través de un intermediario del Ministerio de Relaciones Exteriores de Holanda. Era obvio que no hacía falta que fuéramos a Ciudad Juárez para identificar el cadáver de Hester. Su pasaporte y la matrícula de estudiante habían sido encontrados y, gracias a las fotos, un representante de la embajada de Holanda en México había podido cumplir esa difícil misión. Pero sí tuvimos que ir al ministerio para identificar a Hester en algunas fotos tomadas en la habitación del hotel donde fue encontrada.

Habría preferido no ver esas fotos. Pero de una manera desesperada también quería vivir todo lo que había vivido ella, como si en retrospectiva pudiera acompañarla en los últimos momentos de su vida. Y esas fotos formaban parte de ese proceso. En la primera foto la reconocí inmediatamente por sus pies. Los pies de Hester, no cabía la menor duda, tenían algo redondo y parecían tan pacíficos y amables. Los dedos de un pie descansaban sobre los del otro. Siempre caminaba con los pies apuntando un poco hacia adentro. Había una sola foto de su cara. Me concentré en un mechón y pensaba que había tenido un pelo ondulado precioso, que siempre me había dado envidia. De pequeña tenía rulos, y cuando uno tiene el pelo muy liso, los rulos son como un milagro. De repente recordé cómo me había asustado cuando la encontré, apenas con cuatro años de edad, en el columpio con unas tijeras en la mano. Había cortado a cero su flequillo y la parte izquierda de los rulos estaba en el suelo. Finalmente corté también la parte derecha. "Me gusta tener el pelo corto", me dijo en aquella ocasión. ¡Qué simple y despreocupada puede ser la vida, y qué giro más terrible puede dar!

Fue brutal tener que ver todas esas fotos. Nos habían sido enviadas por fax desde México al Ministerio de Relaciones Exteriores de Holanda; estaban en blanco y negro y con los bordes deshilachados; eran imágenes de mi niña asesinada. Mi hermana y mi cuñado me habían acompañado; Roeland se había quedado en casa. No quería enfrentarse con esa verdad demoledora. Todavía no se sentía capaz.

Apenas recuerdo otros detalles durante esa primera semana; sólo el dolor, la desesperación, el desconsuelo y la desolación se me quedaron grabados. La familia y los amigos lo arreglaban todo y nos dieron calor y apoyo. Hablamos y bebimos con ellos hasta la madrugada. Con las emociones a flor de piel, nos dormíamos agotados, para despertar muy temprano por la mañana y dar vueltas en la cama durante horas. Germán y Melisse volvían a dormir en la casa, a salvo en su ambiente familiar. También llegaron sus amigos para compartir ese terrible dolor y esa desesperante impotencia.

Después de la primera semana llegó por fax más información desde México, casi ilegible y en un español burocrático, incomprensible para nosotros. "¿De qué se trata?", pensaba. La información nos llegó por medio de la Secretaría de Relaciones Exteriores de México. ¿No podían ellos presentar una traducción entendible? Afortunadamente alguien de nuestro entorno nos pudo ayudar.

Ese primer fax de la policía mexicana era un informe confuso sobre dónde habían comenzado a investigar después de encontrar el cuerpo de Hester —en ese momento todavía una mujer desconocida— en la habitación 121 del Hotel Plaza. Pero no dejaba nada claro. El asesino se había registrado en el hotel con el nombre de Roberto Flores. La recepcionista lo había visto entrar junto con Hester, y después de una discusión habían subido al segundo piso. Se comprobó que el hombre era un prófugo. Figuraba en la lista de búsqueda de la policía mexicana. Un día después, los mismos policías entregaron en la comandancia los bienes de Hester que estaban en el hotel. Su pasaporte y demás documentos aparentemente se habían encontrado en un techo o en un patio, no supieron explicarlo.

Posteriormente los agentes de la policía habían ido a algunos hoteles con el retrato hablado del autor del crimen. Lo habían descrito como un hombre atlético, con una cicatriz en la mejilla izquierda y marcas de acné en toda la cara. Se calculó su edad en unos 28 años. La mayoría de los empleados del hotel declaró que nunca lo había visto antes. Pero algunos propietarios de otros hoteles sí lo conocían y contaron que el número de la habitación que solía reservar siempre contenía el número 21. Sólo años después supimos que en el mundo del narcotráfico de Juárez el número 21 tiene un especial significado: es el número con el que se identifican los miembros de la banda criminal Barrio Azteca de El Paso, una ciudad al otro lado de la frontera.

Supimos que un tal Roberto Flores Reyes, también de 28 años de edad, era perseguido por la policía por atracos a ilegales que intentaban entrar a Estados Unidos. Su retrato hablado se parecía a la descripción del hombre que acompañaba a Hester el día de su muerte. Mucha gente sabía dónde vivía este Roberto Flores Reyes, y la policía interrogó a todos los vecinos. En ese momento no nos llamó la atención que nadie pareciera conocerlo. Sólo mucho después entendimos que todos temían represalias.

Unos días después, según el informe policial mexicano, en una de las comandancias policiales intentaron sacar de la computadora una foto de este Roberto, pero nadie sabía cómo hacerlo. Afortunadamente un funcionario de otra comandancia sí pudo imprimir la foto, pero entretanto había transcurrido otro día. Con la foto obtenida fueron a organizaciones de dudosa reputación que dicen ocuparse del tráfico de ilegales hacia Estados Unidos, con la esperanza de que alguien reconociera al sospechoso. Nunca supimos si esta búsqueda tuvo algún resultado. Todo parecía indicar que la policía estaba ocupada en ello, y por eso no nos preocupó la vaguedad del informe recibido.

Algunos amigos se preguntaron si no sería mejor viajar a México, y naturalmente habíamos considerado esa posibilidad. Existían varios argumentos en contra de un viaje. Ante todo teníamos que organizar los funerales. Además, nosotros no considerábamos que nuestra presencia en México pudiera tener algún valor añadido para la investigación. ¿Qué tendríamos que hacer? ¿Ir con la policía mexicana y decir: aquí estamos, venimos a ayudarles? ¿Pasar por los cafés y preguntar si sabían algo…? Y nosotros como extranjeros naturalmente llamaríamos la atención. Así que abandonábamos rápidamente ese plan. Teníamos mucho que organizar. Y además debíamos apoyar a Germán y Melisse.

Germán, quien en ese momento tenía 31 años de edad, me dijo los primeros días llorando: "Mamá, yo tenía que haber estado muerto, no Hester". Ese comentario me sacudió.

Nosotros habíamos criado a Germán como si fuera nuestro propio hijo. Era parte de la familia, como Hester y Melisse. Él, que procedía de un mundo tan diferente, había terminado en Holanda, pero era consciente de que sus raíces estaban en Perú. De repente se sentía como si no formara parte de la familia. Me alegró mucho que me lo dijera, porque al menos pude convencerlo de lo contrario.

El informe de la autopsia que recibimos unos días después, y que primero tuvo que ser traducido, reveló que el asesino había abusado sexualmente de Hester. Pero también demostró que Hester no había entrado en pánico. Primero el agresor la había golpeado y ella había perdido el conocimiento; después había sido violada y estrangulada. Terrible, pero en toda esa execrable situación, al menos nos consoló el hecho de que no hubiera pasado un miedo cruel, o al menos no por mucho tiempo. Podría haber sido todavía peor.

Pero ¿qué fue lo que pasó? Hester era una persona simpática, espontánea, acogedora y tenía experiencia. Había vivido sola en Italia durante seis meses. Estuvo de viaje por el mundo con nosotros y con su novio de entonces. No se le engañaba tan fácilmente. ¿Había acompañado voluntariamente a ese hombre? Si sólo querían pasar una tarde juntos, eso no podía haber sido motivo para asesinarla. Todo parecía indicar que el hombre había querido algo más de ella. Me imagino que él intentó seducirla y que ella lo rechazó. Era pequeña, pero precisamente por ello había desarrollado una voz potente. Estoy segura de que tuvo que haber gritado y que él quería callarla. La golpeó y ella perdió el conocimiento. Luego la violó y la asesinó. Tiró su pasaporte y bienes personales por la ventana, y según los datos del hotel ¡el asesino durmió tranquilamente en la cama, con el cuerpo de Hester debajo!

Esos primeros días no hice otra cosa que llamar por teléfono. Quería que toda la gente de nuestro entorno lo escuchara de nosotros mismos y no casualmente de otros. Incansablemente repetimos, para la gente que iba a visitarnos, la historia hasta donde la conocimos. Frecuentemente recibíamos a los visitantes en el jardín. Era un mes de septiembre con buen clima, el cielo un poco nublado, el aire algo húmedo, un sol medio borroso y una temperatura agradable. No conocíamos a muchos compañeros de estudios de Hester, pero bastantes se acercaron a la casa. Reiteradamente mirábamos las fotos de las vacaciones en México, porque ésas habían sido las últimas vivencias de Hester. Recurríamos a las fotos de su graduación. Había un peculiar ambiente acogedor: sus amigos sentían la atmósfera calurosa, recordaban a Hester y podían compartir su dolor, su horror y nuestra indignación. Por la noche nos quedábamos hasta muy tarde en el jardín. Con miedo de acostarnos, miedo al silencio y a la oscuridad... y a la verdad, que era innegable.

También era muy reconfortante notar cuánto apoyo te pueden dar los amigos. Llorar juntos por el mismo dolor genera una cercanía. Me di cuenta de que nunca era demasiado derramar lágrimas por Hester, y al mismo tiempo aprendí desde el dolor que no puedes seguir llorando todo el día. Eran días emocionalmente perturbadores y todos esos amigos y familiares, en mi entorno, me daban una sensación de amparo.

Diez días después de su muerte, el cuerpo de Hester fue trasladado desde México a Holanda. Los cuatro fuimos a esperar al aeropuerto internacional de Schiphol. Llegó en una extraña caja de hojalata, en cuyos lados se apreciaban adornos e imágenes de santos, que hicieron mucho ruido al caerse. ¡Eso tiene que haber sido obra de Hester! La colocaron rápidamente en su propio ataúd, junto con su muñeco de peluche, que le había confeccionado su abuela. Nos recomendaron no despedirnos de ella. En realidad yo me había despedido de ella durante días, ella estaba presente espiritualmente en todo lo que hacía. De ahí en adelante eso sería la normalidad; nunca hay un momento en que deje de pensar en ella.

Entretanto habíamos organizado los funerales. No queríamos ninguna reunión en una fría funeraria, porque es un lugar impregnado de muerte. En una iglesia uno reflexiona más sobre la espiritualidad de la vida, que naturalmente no se detiene con la muerte. Y en una iglesia la gente también se casa, es bautizada o medita.

El primer cura con el que hablamos nos dio a entender que su iglesia no estaba en "subasta", con lo que quiso indicar que quería que el templo sólo se utilizara para fines religiosos. Hester no había sido bautizada y no cumplía los requisitos. Por fortuna el cura Berger de la iglesia Arskerk estaba dispuesto a "prestarnos" su templo. Se trataba de un cura admirable. La iglesia era un lugar diseñado por el famoso arquitecto Aldo van Eyck.

Germán y Melisse tenían que comprar ropa para los funerales. Roeland había ido al negocio. Y de repente me encontré sola en casa. Las paredes se me echaban encima. No fui capaz de soportar esa soledad, ni siquiera 15 minutos. Me estresaba completamente. Una vez más me daba cuenta de la importancia que cobraba toda esa gente de confianza a mi alrededor.

"¿Y yo, qué tengo que ponerme?", reflexioné.

—A Hester le hubiera gustado que en sus funerales estuvieras muy bonita —me dijo sencillamente una amiga—. Es lo mejor que puedes hacer.

Melisse y Germán hicieron una preciosa compilación de fotografías de Hester para la esquela mortuoria. El 3 de octubre sepultamos a Hester. En una larga fila de coches blancos nos dirigimos a la iglesia. Acudieron todos: los amigos y las amigas de Hester, familiares, nuestros amigos y colegas. El ataúd de nuestra hija, el más sencillo que pudimos encontrar, fue colocado en la parte delantera de la iglesia. En la funeraria lo habían calificado de "ataúd judío", de madera tosca, sin adornos. Puro como Hester.

Manos piadosas depositaron una rosa amarilla sobre la tapa. La tomó el cura, diciendo: "Hester fue como esta rosa de mi jardín. La última rosa amarilla de la temporada, cortada antes de tiempo del jardín de la vida..." Luego explicó a los cientos de presentes que él gustosamente había puesto a disposición su iglesia, a pesar de que nosotros no fuéramos gente creyente, "...porque a Hester le habría parecido muy especial ser despedida desde una iglesia arquitectónicamente muy valorada como ésta, diseñada por Aldo van Eyck".

¿Éramos conscientes de que Hester estaba ahí, en ese mar de flores? No. Cada vez chocábamos con esa perplejidad: ¿Cómo es posible que tú yazgas ahí? ¿Por qué, Hester? Las lágrimas eran la única respuesta a nuestro desconsuelo sin fin.

"El mundo está extrañamente vacío, sin ti. / Ya no queda casi nada. / El cielo está demasiado azul sin ti. / ¿Por qué? / ¿Qué sentido tiene?" Un amigo nuestro leyó esta pequeña poesía de Annie M. G. Schmidt. La iglesia estaba repleta y conmovedoramente silenciosa.

Por última vez dirigí la palabra a Hester. Le dije cuán orgullosos estábamos de ella. Que era un ser humano bello, abierto y espontáneo. Que un asesinato tan cruel —en el discurso usé el eufemismo "incidente"— nos hace especialmente conscientes del valor de la vida. Y que la fuerza positiva de Hester, el calor que irradiaba siempre, nos rodearía cada día de nuestra vida. Que para todo el mundo tenía que quedar claro que siempre se trata de la calidad de vida, no de la cantidad. Les dije a todos que recordaran lo que habíamos vivido con Hester, no lo que nos hubiera gustado vivir con ella... Y dije que Hester tenía que seguir viviendo en nuestro corazón.

Y ahí estaba mi hermana Lon, con una historia hermosa: después de la secundaria Hester vivió seis meses en Italia para estudiar historia del arte. Lon y Roeland la llevaron. En Florencia, bajo el sol brillante, Hester estuvo por la mañana ocupada durante varias horas en su pequeña tienda de campaña. En el suelo había cestos, cajitas, bolsas y pequeños paquetes, Cuando finalmente apareció, se veía espléndida, con un chal en la cintura y un sombrero con cintas de muchos colores en la cabeza. Lista para ir al colegio. Cuando llegaron al colegio, Hester se dio cuenta de que había olvidado, entre las muchas cajitas en el suelo de su tienda, los comprobantes de la inscripción. ¡Roeland estaba al borde de un ataque!

Heleen, una compañera de estudios, comparó a Hester con un torbellino.

—Nada le parecía extraño —explicó Heleen ante la concurrencia—. Las cosas nunca tenían que llevar su curso normal. Cuando diseñaba un edificio, todo era torcido, y así demostraba lo caótica que era. Durante uno de los últimos exámenes se le cayó todo al suelo. A pesar de todo, aprobó.

Su mentor de la universidad contó que un día Hester llegó a verlo con zapatos amarillos de tacón.

—Tenía un enorme anillo en el dedo —recordó el profesor—, un anillo tan grande que me recordaba una complicada glorieta con tráfico —dijo, esbozando una sonrisa por Hester.

Yo guardo esos tacones de color amarillo. El anillo, que yo le regalé, lo llevé durante años, hasta que se rompió.

En esa despedida había una persona de la Asociación Humanista, quien dijo que de Roeland y de mí había aprendido que los padres no poseen a los hijos.

—Los niños son individuos —explicó—, los padres sólo pueden ayudarlos y acompañarlos en su desarrollo: Germán, Melisse y Hester, cada uno a su modo.

También contó que había escuchado que Hester compró en México una bonita manta de lana, que nosotros trajimos a Holanda para que ella no tuviera que cargar con dos kilos en su viaje. Fue la misma manta que usamos para cubrir su ataúd.

Me preguntó si quería desearle algo a Hester.

—Te deseo mucho amor, donde quiera que estés. Sé feliz —fueron mis palabas.

Entonces, junto a los recuerdos, nos cayó encima la terrible realidad: en lugar de seis meses, Hester había desaparecido para siempre de nuestra vida. Amigos y sobrinas entonaron canciones hermosas. Un familiar cantó una espléndida aria y alguien tocó el violín de manera sublime. Las condolencias tomaron mucho tiempo. ¡Cuánta gente! Era una fila interminable. Muchos esperaron en la calle, en el frío, porque el clima había cambiado de pronto.

Los amigos de Hester llevaron el ataúd al lugar que elegimos: la tumba de la abuela, pues las dos se quisieron mucho. Trescientos globos de color nácar se elevaron cuando el cura gritó como un sargento: "¡Arriba los globos!" Y la cantante holandesa Anouk se escuchó por el cementerio entonando las notas de *Sacrifice me*. Aquello era un mar de flores: había una enorme cantidad de ellas, sobre todo de girasoles; parecía un campo entero que se llenaba de todos los colores imaginables. ¡Nos ayudó tanto! Todo eso resultó ser muy importante para nosotros.

Un día después de los funerales volvimos los cuatro de la familia al cementerio para ver una vez más esa hermosura de flores. Toda esa belleza no podía evitar que estuviéramos tristes, afligidos y silenciosos. Luego pasamos un fin de semana en familia en la provincia de Zelanda. Caminamos en el viento y enviamos mensajes a Hester, que escribimos en la arena blanca a la orilla del mar.

Capítulo 3

MEMORIAS DE HESTER

El vacío después de los funerales. Uno se hunde en los recuerdos, es lo único que nos queda. Hester... una niña espontánea, abierta, simpática, comprometida, sensible, calurosa, con sentido de la justicia, un saltamontes, activa, dudando de todo, pero emprendedora. Al mismo tiempo descuidada y caótica. ¿La caracterizo bien? ¿Qué más podría decir? Era mi hija... mi primera bebé y por ello algo especial, insustituible. Mi hija más pequeña también es especial para mí, pero de otra manera. Y Germán también tiene un lugar muy particular en nuestra familia. Hester era muy cariñosa, pero ¿no es lo que dicen todos los padres de sus hijos?

Ella tenía una buena relación conmigo y con Roeland. Siempre estaba ahí ese contacto afable y cálido: íbamos juntas al mercado, cosíamos ropa juntas, también a veces junto con Melisse. Hester hablaba mucho, pensaba largamente sobre las cosas: Su actitud hacia Germán y Melisse se caracterizaba por tres cosas, era creativa, impulsiva y empática. Estaba muy presente y sabía muy bien lo que conmovía a sus hermanos. Mi memoria me recuerda que de una u otra forma nos involucraba en su vida.

—Mamá —siempre hallaba la forma de involucrarme—, ¿me ayudas por favor a preparar mi tesis final? ¿Quieres escuchar mi presentación, para ver si hay una clara línea? ¿Qué opinas, 150 diapositivas son demasiadas para 45 minutos? ¡Me es tan difícil decidir! ¿Cuáles tengo que eliminar?

Y finalmente ahí está, presentando su tesis final. Contará sobre los jardines petrificados que ha diseñado para Oosterdok en Ámsterdam. Será un lugar de descanso para los trabajadores que quieren gozar del almuerzo. Una construcción sobre el agua, de cuatro pisos, con fuentes y cascadas, asientos y rincones escondidos donde la gente puede sentarse y hablar. La construcción es muy complicada, pero logró terminar el proyecto.

Hester comienza a hablar y en la tercera frase se pierde, su mente se queda en blanco. Todo el mundo está tenso.

—Anda, hija mía, puedes hacer lo—le digo. Me muero de los nervios.

Y entonces se concentra y comienza de nuevo. Con mucho entusiasmo presenta sus ideas. Todo el mundo está emocionado y aplaude. Su mentor formula unas preguntas críticas, pero ella las responde con facilidad. ¡Aprobó! Estamos muy orgullosos.

Pequeña pero valiente. Siempre lo fue. Hay muchos ejemplos.

Todavía estaba en la escuela primaria cuando fue con su grupo a la piscina. Uno de los chicos había molestado mucho a su mejor amigua, María. Hester se hartó y lo tiró con todo y ropa a la piscina, y eso que era la más pequeña de la clase.

En otra ocasión, ya un poco mayor, caminaba en la calle con María. Se encontraron con un grupo de tres muchachos, de unos 15 años, mayores que Hester y María. Los chicos empezaron a decirle impertinencias a María e incluso a tocarla. Las dos chicas los insultaron e intentaron rechazarlos, pero no consiguieron ahuyentarlos, hasta que Hester se hartó y golpeó al más impertinente de ellos en la cara. Estaba furiosa. Los muchachos se alejaron atónitos.

Pero las cosas no siempre acababan bien. Una vez, en una situación similar, Hester perdió. Recibió fuertes golpes y se asustó mucho.

Naturalmente aprendió de todas estas acciones arriesgadas. Estoy segura de que hacía también cosas que prefería no contarme. Yo también fui joven. Pero lo cierto es que ella había madurado y se había convertido en una persona valiente.

Melisse la describió muy bien después de su muerte, de manera muy franca:

> Eras mi hermana más querida. Pero también mi hermana más mala. Por ejemplo, me hiciste creer que el caramelo de regaliz fue elaborado con sangre de toro, por lo que yo no lo quería, y tú te lo comiste todo.

También eras mi hermana más bella. Tú brillabas con un vestido sencillo y tu cadena de plata, aunque también te gustaba andar desarreglada, vestida cómodamente con una camisa amplia, llena de pelos de nuestros gatos Truus y Flap.

También eras mi hermana más tacaña. Hace poco tuve un sueño. Te encontraba en la calle con diez paquetes de papel higiénico, porque estaban de oferta.

Lo contrario también es verdad, también gozabas gastando dinero. En la Ciudad de México nos fuimos a los mercadillos, donde vimos cosas bonitas que queríamos comprar. Y nos encantaba mirar todo lo que habíamos comprado. Muy lista, habías pensado que papá y mamá se llevarían todo a Holanda, como esa manta colorida y pesadísima.

También eras mi hermana más bruta. Todo el mundo se acordará de que caminabas con pasos de elefante por la habitación. No había casi ninguna cena sin que tú volcaras una copa de vino.

Sin embargo eras una trabajadora muy meticulosa. Las maquetas que hiciste no eran sencillas. Y eras muy perfeccionista cosiendo ropa. Eras capaz de perderte en un buen libro el día entero, con una bolsa de regaliz a tu lado. Tenías un montón de amigos muy fieles, y eras una arquitecta muy buena (mira el pabellón de la Expo en Sevilla. ¡Sencillamente han robado tu idea!).

Eras pura. Eras mi única hermana, y ahora ya no te tengo.

Te echo tanto de menos por todas esas cosas pequeñas.

Ahora hace ya más de diez años que se pronunciaron esas palabras. Los recuerdos son tan nítidos, eran como si hubiese pasado ayer. Pero se han cristalizado, han quedado petrificados. Tengo miles de esos recuerdos en mi corazón, es cierto. Pero no habrá nuevos. Todos tendremos que vivir sin nuestra Hester.

Capítulo 4

LA VIDA CONTINÚA

Las primeras semanas después del funeral viví como en una neblina densa y gris. Roeland regresó bastante rápido a trabajar en la tienda de iluminación y regalos. Debido a las vacaciones en México, Roeland había estado ausente de la tienda durante un mes y medio, y opinaba que ya era hora de volver a trabajar. Tal vez había en esta decisión el esfuerzo, la necesidad de intentar retomar la vida. Yo me quedé en casa para acompañar a Melisse. Antes de ir a México ella había renunciado a su trabajo, sin saber que al volver a Holanda caería en un agujero negro. Afortunadamente encontró trabajo administrativo en la empresa donde yo trabajaba.

Hasta ese momento sólo me acuerdo de las montañas de cartas que llegaban cada día. ¡Era tan importante: cada día un buzón lleno! Cartas con mensajes personales, bellas postales, a veces alegres, con un mensaje amoroso. Mucha gente sabía exactamente cómo llegar a nuestro corazón. Aunque de diferentes maneras, todas esas reacciones eran el más preciado aliciente de apoyo en esos primeros meses, esa época oscura, vacía, miserable. Cada una de esas reacciones nos dio fuerzas para seguir adelante.

Se escucha a menudo que después de un acontecimiento trágico la gente se siente abandonada por sus amigos. A nosotros nos pasó lo contrario: casi cada tarde alguien nos invitaba a salir. Nos ayudó mucho porque pudimos hablar sistemáticamente de Hester y de lo que más ocupaba nuestro pensamiento: ¿Cómo pudo ocurrir lo que pasó?

Mediante tarjetas habíamos podido informar a la mayoría de los amigos y conocidos. Pero había gente que no había sido informada, compañeros de clase y sus padres. Ellos también querían compartir con nosotros lo impensable, el dolor de perder a una hija, recién graduada, tan prometedora, después de haberla cuidado tantos años.

Alguien nos escribió diciendo que se había cambiado de casa hacía muchos años y que quizá nunca más nos veríamos, pero que teníamos que saber que pensaba mucho en nosotros.

Una amiga de Hester escribió que fueron a visitar la sus padres. Cuando entraron, de inmediato notó que estaban tristes.

—Mamá, estás tan pálida, pareces cansada —le dijo ella a su madre—. ¿Pasa algo? ¿Es el trabajo o acaso son las hormonas?

—Pasó algo —su padre tomó la palabra; tragó saliva—; es relacionado con alguien que conoces muy bien. Siéntate, por favor —dijo, y sus ojos y todo su cuerpo emanaban miedo y dolor—. Hester ya no está con nosotros…

Había una carta no solamente dirigida a nosotros, sino también a Hester. La autora decía que siempre seguiríamos siendo una familia de cinco. Exhortó a Hester a mantener la calma después de todas esas terribles vivencias y estaba segura de que su abuela la acogería. ¡Cómo no agradecer que le hablara a mi hija como si estuviera viva! Era la promesa de recordarla siempre.

La gente sentía la injusticia cometida contra Hester, y contra la cual no pudimos protegerla. Lo peor que le puede pasar a uno es perder un hijo. Y cuando es asesinado, ese sentimiento se intensifica por la inutilidad del acto. La gente de algún modo participaba del sentimiento de impotencia que nos embargaba cada día. Esa seguridad definitiva de que no hay camino atrás, sólo un camino por delante, difícil y triste. Cuando despiertas la pesadilla resulta ser realidad, una realidad completamente incomprensible.

Había otras postales con una sola frase: "¡Para tal locura sólo hay palabras absurdas!" o "¡No hay palabras y toda palabra sobra!" A veces no importaba lo que la gente escribía. Bastaba que se tomaran la molestia de escribir algo.

Había algunas cartas de compañeros de estudios de Hester que no conocíamos. Nos señalaron que la habían envidiado porque iba a viajar por el mundo durante varios meses. Todos habrían querido hacerlo. Otros recordaban los años en la universidad, un periodo de mucho trabajo, estrés y frustraciones. Pero se apoyaban mutuamente y Hester siempre iluminaba el ambiente con su carisma, sus observaciones agudas y su disposición a ayudar. Hester era una persona que hacía reaccionar a cualquiera en los momentos precisos. Los amigos relataban la alegría que compartían, cantando canciones de la radio y tirándose bolitas de papel de diseños fracasados. Estaban seguros de que Hester se había esforzado para sacar lo mejor de sí misma. Y lo había logrado. Desde la desaparición de Hester, todo se había vuelto mucho más aburrido, más gris.

Germán hizo un precioso librito de conmemoración, una recopilación de todos los discursos pronunciados en los funerales. Lo enviamos a nuestros familiares y amigos más cercanos. "Un monumento para su angelito en el cielo", escribió uno de los clientes de la tienda de Roeland. Me conmovió que algunos dijeran que gracias a los discursos en los funerales habían conocido mejor a Hester.

Y naturalmente estaba la tumba. Su espacio definitivo. Tenía que ser un lugar hermoso, el jardín más espléndido. Todo el mundo nos regalaba plantas para la tumba, y otras cosas, como un simpático patito gordo, un conejo grande y triste. Todos traían algo personal. Una vez, cuando helaba, compré una bolsa de papas fritas, para comerlas junto a la tumba, al lado de Hester. Entretanto podía hablar con ella.

Roeland investigaba cómo podríamos construir una piedra con una cascada. Así siempre habría pájaros y Hester nunca estaría sola. Pero claro, tendría que ser una bomba con celdas solares y empezamos sencillamente colocando una fuente con semillas para pájaros.

Hester yacía con su abuela y ya había una piedra. En esa lápida hicimos grabar su nombre y el texto que había figurado en la esquela: "¡Seguirá viva en nuestros corazones!"

Un día nos avisaron que la piedra había sido colocada. Ese domingo Roeland, Melisse y yo fuimos a la tumba. Fue terrible, lloramos a mares, porque por primera vez vimos su nombre grabado en la piedra y tuvimos que despedirnos nuevamente. Y porque una piedra tan lisa se ve tan irremediablemente definitiva y muerta. Es un pensamiento terrible que tu propia hija está debajo de esa señal y que nunca volverá.

Afortunadamente mi familia y mis amigos me acompañaban en el dolor y en invierno colocábamos girasoles de tela alrededor de la tumba de Hester. Así convertimos su sepultura en un lugar agradable, un sitio a donde podían ir a saludarla o a veces, cuando querían dar rienda suelta a su dolor, podían llorar largamente sin que nadie escuchara.

En noviembre volví al trabajo, pero en las primeras semanas no fui muy productiva. Durante horas distraía a mis colegas, pero el trabajo volvió a estructurar mi vida. ¡Y recibí tantas reacciones! Gente de la que nunca lo había esperado compartía mi dolor. Personas muy distantes que de repente dejaban ver su cara sensible. Alguien dijo que éramos un ejemplo porque habíamos involucrado a todo nuestro entorno en la muerte de Hester, por lo que era más fácil hablar del tema. Otro colega contó que su suegra opinaba que el librito que hizo Germán era precioso, y sí, naturalmente él también pensaba lo mismo. Y la hija de otro colega declamaba fragmentos del librito, llorando. Y otro quería, cuando su suegra llegara, mostrarle el fragmento sobre la "posesión". A nuestro vecino también le había impactado ese fragmento.

Casualmente se tenía que hacer un extenso envío de correo en la empresa y durante los primeros días me dedicaba a eso, a llenar sobres y a pegar sellos. Esa tarea me hizo bien y me ayudó a retomar poco a poco la rutina diaria.

Mi colega describía el sentimiento de inutilidad que le invadía al abrir el correo de cada día. Para mí era muy importante saber que alguien compartía mis sentimientos y sentía la inutilidad de muchos quehaceres diarios. Era lo mismo que nosotros sentíamos de repente. ¿Qué puede doler más que perder a un hijo? ¡Nada más importa en el mundo, cuando te pasa algo tan terrible! Me aliviaba saber que no estaba sola en la travesía. Y por la muerte de Hester mucha gente de repente tomaba conciencia de lo vulnerables que somos los padres.

Ocurría a veces que me encontraba con un ramo de flores en la puerta. Flores silvestres, del jardín. O una pequeña nota, para evitar que cayéramos en un abismo: "Queridos vecinos, ¿les apetece venir a cenar el miércoles?"

Nunca antes he pensado en el papel de los medios de comunicación en estos acontecimientos tan conmovedores. Apenas había estado con la policía, y ya los medios habían publicado sus historias y especulaciones.

La radio local fue la primera en informar sobre la muerte de Hester. La noticia llegó directamente de México y estuvo llena de errores: "Hester era una estudiante de 20 años, víctima de un asesinato sexual", mientras que nosotros en ese momento sólo sabíamos que había sido asesinada. Nadie nos había dicho cuál había sido el móvil del asesino: robo o sexo, ni nos había llegado ningún documento oficial, como el informe de autopsia, que pudiera revelar algo sobre los detalles.

Según la noticia, habían asesinado a muchas mujeres en esa misma región en los últimos tiempos. Para nosotros era muy frustrante que se describiera a Hester como una niña de 20 años, porque distorsionaba todo el acontecer. Es muy diferente si los padres permiten viajar sola a una hija de 20 o de 28 años. De una joven de 28 años se puede suponer que es independiente y capaz de tomar decisiones correctas.

Y esa noticia, con todos los errores, fue copiada por una serie de diarios, antes de saber nosotros algo sobre las circunstancias del asesinato. En esos momentos creíamos que el móvil había sido el robo, pero dos diarios nacionales holandeses de gran tirada publicaron informes muy sensacionalistas sobre grabaciones forzadas de películas pornográficas y más cosas terribles. La fecha del asesinato variaba de una publicación a otra. Yo me molesté tanto sobre las especulaciones que decidimos publicar una nota de prensa con los datos que conocíamos nosotros:

> La arquitecta Hester van Nierop, de 28 años de edad, fue asesinada el 19 de septiembre de 1998 en Ciudad Juárez por

móviles desconocidos. La policía encontró su cuerpo debajo de la cama en una habitación de hotel. Había sido estrangulada...

Para el diario de mayor circulación de Holanda, *De Telegraaf*, esta nota de prensa tuvo un efecto muy peculiar: lo convirtió en el segundo asesinato de una holandesa en dos días en Ciudad Juárez... ¡Una holandesa con el mismo nombre! Estábamos perplejos.

Y más nos molestó cuando llamé al diario para señalar los errores:

—Señora —me contestó alguien—, qué error más terrible por nuestra parte. Pero es época de vacaciones, ¿entiende? ¡Terrible! Pero tenemos una propuesta, mañana le enviaremos a nuestro fotógrafo para que le tome una foto bonita, junto con una periodista que la entrevistará para la sección dedicada a la mujer. Así usted podrá explicar exactamente lo que estuvo mal —naturalmente, nunca aceptamos la propuesta.

Pero los errores en los medios continuaron. Según el diario había tres asesinos, y el más importante estaría detenido. Desgraciadamente desde México nos llegaron noticias distintas: nadie había sido detenido, el sospechoso seguía prófugo.

Un día, la madre de María, la mejor amiga de Hester, me relató una conversación entre Hester y su hija, que ella escuchó poco antes de que Hester partiera a México. Hablaban sobre la muerte.

—¿Qué harías tú si yo muriera accidentalmente? —preguntó María.

—Mira —respondió Hester—, supón que te mueres, yo estaría llorando de tristeza los primeros quince días. ¡Pero después festejaría por las dos, porque tendría que gozar de la vida por las dos! —así era Hester.

Y me puse a pensar. El recuerdo lo escuché en octubre, poco antes de que le entregaran a Hester de manera póstuma su diploma. Me propuse contar esta anécdota a los estudiantes presentes en la entrega. La semana siguiente la universidad de Delft nos informó que la revista *Nieuwe Revue* estaría presente en la entrega del diploma, el 23 de octubre. No estábamos en absoluto de acuerdo en que apareciera una historia sensacionalista sobre Hester en esa revista.

Pero en esas primeras semanas uno intenta mantenerse en pie. Y apenas lo logra. Se siente ese peso que nos hace incapaces de luchar. Germán llamó a la redacción de la revista para explicar que no nos gustaba su plan. Le dijeron que ya habían tomado fotografías en los funerales y que estaban decididos a dedicar un artículo al tema. Afortunadamente la gente cercana a nosotros nos ayudó. Alguien conocía a un buen abogado que podría enviar rápidamente una carta a la revista *Nieuwe Revue* para decirles que no publicaran el reportaje. Así se hizo. El diario *De Telegraaf*, que también había mostrado interés en el tema, recibió una carta parecida.

Recuerdo que viajaba en tren para hablar con el abogado y que había olvidado mi cartera; en aquel tiempo me olvidaba de todo. Me bastaba decir media palabra al conductor para poder viajar gratis ese día. Por suerte la gente también puede ser muy compasiva.

Ni el *Nieuwe Revue* ni *De Telegraaf* asistieron a la entrega del diploma. ¡Por fortuna!

Pero yo estaba tan furiosa por todas esas noticias erróneas, y porque los medios no mostraban ninguna compasión y solamente parecían interesados en su propia historia, que decidí denunciar a la emisora local Radio Rijnmond, que había sido la primera en difundir la noticia errónea, y a *De Telegraaf* ante el Consejo de Periodismo. Parecía que los medios no pensaban para nada en las consecuencias para la familia, en este caso nosotros. Parecía que sólo les importaba publicar noticias y no les interesaba si detrás de esa historia había gente emocionalmente destrozada. La denuncia ante el Consejo de Periodismo me distraía. Todo debía ser entregado con siete copias y con una explicación extensa. En ese momento yo no era capaz de escribirlo, pero una amiga me ayudó. Lo entregamos en octubre y en abril del año siguiente llegó la respuesta: rechazada. No obstante, en aquella fecha mi furia contra los medios ya había disminuido bastante.

Hay que ser honesto: en retrospectiva, Radio Rijnmond no había estado tan errada. La periodista no había recibido la edad correcta por parte de su fuente en México, ni la fecha en la que encontraron el cuerpo de Hester, ni fue informada sobre el hecho de que era estudiante, pero con toda razón habían relacionado su muerte a la de 130 mujeres que habían sido asesinadas en Ciudad Juárez, y según sus datos había al menos otros dos casos idénticos. Después de la muerte de Hester, nosotros vivíamos en medio de una bruma y éramos incapaces de pensar con claridad. Nos guiábamos por la información que recibíamos del Ministerio de Relaciones Exteriores y en ningún informe policial se hablaba de otros crímenes. Sólo mucho más tarde descubrimos que el problema no sólo era que Hester se había encontrado con el hombre equivocado en el momento equivocado.

La entrega del diploma fue una ceremonia muy especial. Germán había hecho una recopilación de fragmentos de video, y con la música de Anouk que se había escuchado en los funerales, de repente iba saltando en la pantalla una Hester muy viva, abrazando a su mentor cuando aprobó el examen final. Nuevamente las imágenes dejaban una impresión inolvidable.

Uno de los catedráticos, un hombre alto, nos contó que nos entendía muy bien, pues también había perdido a una hija. Sus ojos emanaban dolor.

—¿Hace cuánto tiempo? —pregunté.

—Diecinueve años —respondió. Y mi corazón dio un vuelco. De repente me daba cuenta de que esta tristeza nos acompañaría el resto de nuestra vida.

Pocos días después de la entrega del diploma hubo una gran fiesta para el personal de la empresa donde yo trabajaba. La institución se había fusionado y había crecido de 200 a 900 empleados. Hasta que ocurrió el asesinato de Hester yo me había ocupado de la organización. Por ello Roeland y yo queríamos, a pesar de nuestro dolor, ir un rato para disfrutar del ambiente. No fue fácil. La atmósfera era placentera y todo estaba muy bien organizado, pero nosotros andábamos como perdidos. Afortunadamente los directivos y sus esposas se ocuparon de nosotros.

En la fiesta se entregaron premios para los 25 mejores trabajadores, elegidos por el propio personal. Para mi gran asombro yo fui uno de ellos. Todos los galardonados ganamos un viaje de cuatro días a un congreso de computación en Cannes. Uno de los directores me preguntó si estaba contenta. "Sí —respondí aturdida—, pero no voy, no puedo, ¡no me voy a ninguna parte sin Roeland!" Deliberaron un rato y nos dijeron que no nos preocupáramos por nada, Roeland podía ir también y podíamos hacer lo que quisiéramos.

Fueron unos días muy especiales. Con colegas cercanos, caminábamos por los bosques, en la playa y en un puerto en el sur de Francia. Era una pausa, unos días fuera de nuestro entorno y dolor habitual, de ese mundo oscuro. Y en el último día tuve que cumplir una tarea: informar sobre todo lo que se había hecho, profundizar en lo que los demás habían aprendido. Logré hacerlo y después me di cuenta de que durante una hora no había pensado en Hester. Me sentía culpable, pero al mismo tiempo sabía que ella lo habría entendido y aplaudido. Me tranquilizó ese pensamiento. Cuando en el aeropuerto estábamos esperando el equipaje, vi a Germán y Melisse que nos saludaban y nuevamente me inundó una profunda tristeza: no deberían estar ahí dos, sino tres hijos.

Para los demás padres era obvio que estábamos tristes. Pero para los jóvenes, los amigos de Hester, Germán, Melisse y Jonet, una prima con la que Hester se llevaba muy bien, era distinto. Su entorno esperaba que al cabo de unos meses volvieran a ser las personas de antes. En esos círculos era menos común hablar del dolor, de la rabia, de la frustración. Por eso formamos en noviembre "el club de las primas", un nombre extraño, porque Jonet era la única prima; los demás eran amigas y amigos, recientes y del pasado. Al menos una vez al mes el club se reunía para hablar del dolor y de lo furiosos que estábamos con Hester, que le echábamos en cara haber tenido contacto con ese hombre, ese canalla que finalmente la asesinó. ¿No había visto qué tipo de persona era? ¡Estúpida! Y ¿por qué había ocurrido precisamente en el día del cumpleaños de Jonet, el 19 de septiembre? Nos contábamos cuánto la echábamos de menos, y cómo convivíamos con la pena. Comíamos juntos y pudimos quejarnos sobre toda la miseria y la falta de comprensión en el trabajo o de los amigos.

Por fin, un día cualquiera, llegó información a través del Ministerio de Relaciones Exteriores. Recibí los faxes en la oficina. Nuevamente esos documentos casi ilegibles con información que prefería no recibir, porque cada palabra volvía a abrir las heridas. Cuando veía esas hojas ya no era capaz de traducir. Llamé al contacto en el ministerio para preguntar si podían traducir los documentos. Lamentablemente no, dijeron. Francés, alemán o inglés no era ningún problema, pero para el español tenían que acudir a una oficina de traducción y eso podíamos hacerlo nosotros también.

Uno se da cuenta de que da por hecho ciertas cosas: que en el caso de estos terribles acontecimientos las autoridades te brindarán todo el apoyo posible. Uno nunca piensa en qué debería consistir ese apoyo, pero se espera ayuda eficaz. En todo caso la negativa a traducir del español me resultaba inaceptable. Como si el español no fuera una lengua universal Me peleé a muerte con nuestro contacto, le dije que no veía para nada el valor añadido del ministerio y que ni siquiera quería conocer el contenido de los documentos. No le gustó, ese juicio le parecía injusto y naturalmente no era culpa suya. Afortunadamente ese tipo de acontecimientos han contribuido a un mayor entendimiento y atención para los familiares de víctimas, y actualmente el ministerio hace todo lo posible para hacerles la vida más llevadera.

Pero mientras tanto estaba sentada en la oficina con un documento totalmente incomprensible… y realmente no lo quería ver más. Cada vez que tenía contacto con el ministerio me sentía tan mal que tenía que irme a casa. Una llamada con ellos me agotaba, me costaba, cada vez, mucha más energía y emoción.

Roeland tenía más paciencia que yo, cedía más y tradujo la mayor parte del documento. El fax decía que el 3 de diciembre el sospechoso había vuelto a cometer un asesinato. Esta vez la víctima había sido una joven de 25 años, de nombre Perla Hernández quien fue abusada de la misma manera que

Hester, pero apuñalada en vez de estrangulada. ¡Me sentía completamente impotente! ¡Era insoportable pensar que aquel tipo pudiera seguir cometiendo crímenes y que a más gente le ocurriera algo tan terrible! Diversos testigos habían visto al hombre y a la joven en un coche y habían anotado la matrícula. Conocían el nombre del sospechoso, tenían una descripción detallada de él y conocían su probable paradero. ¿Sería realmente un rastro? Parecía muy esperanzador.

En aquel tiempo todavía estábamos convencidos de que en México todo funcionaba bien, también el aparato policial. Habíamos visto en la Ciudad de México una importante presencia policial en las calles, más que en Holanda. Además, la policía estadounidense también se ocuparía del caso, porque este asesinato había sido cometido en la ciudad norteamericana de El Paso. Probablemente el asesino de Hester fuera un estadounidense de origen mexicano; los empleados del hotel habían dicho que hablaba mejor inglés que español. ¡Qué bien! Estábamos aliviados. Faltaba poco para que lo detuvieran. Pero la realidad fue muy distinta.

Nos llamó la atención que en los documentos en español el nombre de Hester nunca fue escrito correctamente. Hester Suzanne se convirtió en Hester Sussane o Susane o Suzzane. Era dolorosa tanta ineptitud.

Aparte de estas heridas, por lo visto la vida seguía su curso. Nos reuníamos a menudo con Germán y Melisse y nos apoyábamos. Pero yo no estaba tranquila. Me daba cuenta, cuando iba camino a mi trabajo, de que todo el día estaba ocupada con Hester. Cada pensamiento desembocaba automáticamente en ella. Mis hijos ya eran adultos, yo estaba acostumbrada a que vivieran su vida. Pero ahora una de ellos estaba siempre en primer plano. Consumía toda la atención, aunque precisamente ella estaba ausente. ¿Y los otros dos? Ellos sí estaban presentes y los quería siempre igual. ¿Cómo estaban ellos? Eran adultos. Vivían solos, y eran lo más precioso que Roeland y yo teníamos en el mundo. La muerte de Hester nos había hecho muy conscientes de ello.

Germán tuvo problemas en su trabajo. Le exigían cosas que sencillamente no era capaz de cumplir. Es diseñador gráfico y en ese trabajo siempre hay presión de tiempo. De hecho no soportaba esa tensión. Dormía mal y por eso de día se equivocaba. Y Melisse estaba trabajando, pero su empleo no era realmente lo que quería, y le aburría. Lo que más me preocupaba es que se había convertido en una persona silenciosa, ensimismada. Tenía poco contacto con las pocas amigas que había visto después de su visita a México. Con todas estas preocupaciones en la cabeza fui en búsqueda de un psicólogo, pues era consciente de que yo sola no podía resolverlo todo. Pregunté a amigos y rápidamente me aconsejaron un buen profesional.

Félix, el psicólogo, me preguntó qué había ocurrido y le conté sobre el asesinato de Hester. Le llamó la atención que yo, cuando hablaba, reía. Contaba un acontecimiento terrible, reía, aspiraba profundo y seguía contando. Sólo cuando llegué a hablar sobre el dolor de Melisse por su hermana empecé a llorar. Pero no por mucho tiempo. Un gran suspiro y me enfrentaba nuevamente al mundo. Félix dijo que yo no era capaz de encontrar mi propio dolor. Podía entender el dolor del otro. Era capaz de consolar y cuidar del otro. Pero ¿cómo podrían Germán y Melisse mostrar su propio dolor si veían que yo, su ejemplo, no mostraba mi propio dolor?

Naturalmente yo no me daba cuenta de que me reía, era un mecanismo de autodefensa del pasado. Cuando de niño uno es rechazado y no recibe consuelo del otro, desarrolla el mecanismo de la risa. Uno resuelve sus propios problemas. Pero la muerte de Hester era un dolor tan inmenso que no podía resolverlo sola. De repente noté que tenía la garganta cerrada de tensión.

No fui a ver a Félix por mis hijos: fui por mí, había llegado a un límite.

—Ante todo debes trabajar por ti misma —me dijo Félix—. Debes asumir tu dolor. Eso les servirá de ejemplo a tus hijos.

Y así aprendí que si no comparto mi inmenso dolor con otros, no podré recibir consuelo de ellos. Era tan extraño que yo no lo hubiera entendido. Naturalmente se había mencionado el tema en alguna ocasión. Sin ir más lejos, mi médico me había preguntado si yo me permitía mi propio dolor:

—Pareces tan fuerte —reflexionó en alguna ocasión—. ¿Piensas también en ti misma?

—Claro que sí —le contesté en su momento. Así lo creía.

Claro que sentía que otros, cuando me veían, empezaban a sollozar, mientras que yo ya no tenía lágrimas. Pero me alegraba que otros pudieran llorar por mí, porque aunque yo había agotado mis lágrimas, mi dolor era igual de profundo.

Por la tarde le conté mis experiencias a Roeland y lloramos toda la tarde. Se sumaba a la congoja el hecho de que también le había regalado por su cumpleaños un marco con una fotografía ampliada de Hester. ¡Una foto maravillosa! Nos acostamos temprano. Estaba completamente agotada.

Al día siguiente llegaron Germán y Melisse. Me reprocharon que le hubiera entregado anticipadamente mi regalo a Roeland. Era nuestra costumbre que el festejado se sentara en una silla y todos los demás cantáramos *Cumpleaños Feliz*, levantando la silla, y después entregábamos los regalos. No había sido mi intención cambiar esa tradición. Era casi un pecado mortal romper ahora esos ritos y prometí no hacerlo nunca más.

Fuimos a un restaurante a cenar. Germán y Melisse preguntaron por mis experiencias con el terapeuta. Les conté que había comenzado a expresar mi preocupación por Melisse y que el psicólogo, en ese preciso momento, había roto inmediatamente mi mecanismo de autodefensa. Esta vez no reía, empecé a llorar. Y Melisse lloró conmigo y no dejó de hacerlo durante toda la cena. No hubo problema, nos trajeron muchas servilletas extras.

Me alegró mucho haber encontrado a Félix. Al hablar semanalmente hora y media de mí misma, ocuparme de mí misma, fui capaz de romper lentamente mis barreras y acercarme lo más posible a mi dolor para aprender a manejarlo un poco, lo que era escasamente posible por la terrible pérdida de Hester. No reducía mi dolor, ni mi furia, pero me hizo más consciente y pude aprender a vivir con ello.

Ese año murieron otros dos niños en mi entorno. Eva, una pequeñita de tres años, hija de una pareja con la que colaboraba estrechamente. No conocía a la niña, pero compré un bonito ramo de flores y se lo llevé a casa. El padre me preguntó si quería ver a Eva. "Naturalmente", dije, y antes de darme cuenta estuve en la habitación de la niña, y veía cómo su padre le acariciaba la cabecita. "Qué bonita es, ¿verdad? Mira, tenía el pelo ondulado, pero desapareció por la terapia..." Al padre no le importaba que hubiera perdido todo su pelo, irradiaba un amor eterno por la niña, y un sufrimiento infinito. En aquel momento me di cuenta de que es muy importante poder despedirse físicamente de la persona querida. Y para nosotros había sido imposible hacerlo con Hester.

Asistí también a los funerales e inesperadamente brotaron las lágrimas, porque vi a Onno, el agente funerario que había organizado los funerales de Hester. Y de repente, una vez más, todo estaba muy presente.

Después murió Rebecca, una niña que había vivido en nuestra casa cuando estudiaba fotografía. Un mes antes de su muerte, muy enferma, se había casado con el hijo de unos amigos nuestros. Y después de la muerte de Hester nos visitó. Ya le habían diagnosticado cáncer, pero ¡Rebecca viviría!

Siguió innumerables tratamientos, pero al final se marchó. ¡Otra vez esa tristeza!

Sin embargo yo noté algo: era diferente si después de los funerales uno podía dejar el dolor con los otros y concentrarse en los propios pensamientos, volver al mundo privado. Cuando caminamos al coche o hablamos de las próximas vacaciones. Y sin duda alguna les pasaría igual a los demás.

En diciembre Germán hizo una cita con Michaela, una vidente que le había ayudado anteriormente cuando estaba deprimido. Volvió a llamarla después de la muerte de Hester.

Michaela fue a casa de Germán y nos invitó a Melisse, a Roeland y a mí. La vez anterior la vidente había contactado a Germán con su madre peruana, que murió cuando él tenía dos años. Y precisamente eso me preocupaba, tuve una postura muy escéptica hacia Michaela: deseaba que dejara en paz a Hester. No obstante fui.

Me la había imaginado muy distinta: Michaela era una mujer joven y robusta. Nos saludó con el acento típico roterdamés. ¿Cómo podía confiar en ella? Tomé una actitud expectante y me sorprendió mucho que casi inmediatamente dijera que yo era la persona que más ayuda necesitaba. Iba a empezar conmigo. Ella percibía que tenía la garganta cerrada y que mi estómago no estaba en orden.

—Estás muy tensa de la cabeza a los pies —me dijo—, y todavía hay muchas cajitas cerradas.

Michaela preguntó si teníamos algo personal de Hester para intentar establecer contacto con ella. Le di el anillo de "la glorieta de tráfico", al que su mentor se había referido en los funerales. Michaela contó que ella recibía mensajes e imágenes a través de contactos en el mundo espiritual, que siempre la ayudaban, la acompañaban y que era su tarea transmitirnos esos mensajes con palabras.

Como si fuese una casualidad, contó sobre el proceso después de la muerte: durante seis a ocho semanas el espíritu permanece en la tierra para despedirse, y la vidente constató que Hester todavía estaba despidiéndose. Posteriormente el espíritu pasa hacia el otro lado, hacia la luz, y los sobrevivientes pueden establecer contacto. Ahora mismo no era posible hacerlo con Hester. Me sentí aliviada.

Michaela contaba cosas sobre Hester. Que era alguien con mucho temperamento y valentía y que cuando le molestaba algo era capaz de dar patadas en el suelo.

—Vivía intensamente y era creativa —dijo—. Amaba la plata, tenía una estrecha relación con su madre, su padre, su hermana y su hermano —todo eso era cierto.

En su imaginación Michaela nos llevó a México, las montañas en el horizonte, caminaba en el mercadillo. Y en ese mercadillo vio a Hester, quien se dio cuenta de que alguien la espiaba, lo que le dio una sensación incómoda.

—Además —agregó—, ¿había polvo en sus lentes de contacto?

Era un detalle curioso, llamativo. Pocos días antes de tener contacto con Michaela, habíamos recibido del ministerio algunas pertenencias de Hester. Su mochila grande había desaparecido, sólo recibimos una pequeña mochila con su agenda, su pasaporte, sus gafas y algunas cosas más. Poco antes de su partida Hester y yo habíamos comprado esas gafas; la montura era muy especial, aunque fueran sólo gafas de reserva, porque siempre andaba con lentes de contacto.

Me conmovió recibir de vuelta precisamente esas gafas, y tenía la intención de cambiar los vidrios y usarlas yo misma. Así siempre llevaría conmigo algo de Hester, lo cual me parecía una idea bonita. Pero de repente vi, para mi gran susto, que el armazón estaba totalmente deforme. ¡Hester llevaba esas gafas cuando recibió el golpe en la cabeza y perdió el conocimiento! Volví a meter las gafas en la mochila y no hablé con nadie del tema. Tanto más llamativo era el hecho de que Michaela contara tan explícitamente que Hester tenía polvo en sus ojos. Eso explicaba por qué en el momento del asesinato llevaba sus gafas en lugar de los lentes de contacto. Eso hizo que la historia de Michaela fuera más para mí.

Le apareció una nueva imagen: Hester se despidió de sus libros, la vidente vio cómo mi hija pasaba la mirada por sus libros. Era sorprendente; todo lo que contaba tenía sentido. Los libros siempre habían sido una parte esencial de su vida; leía todo.

Michaela llegó al momento del asesinato. Sintió que Hester no podía respirar y quería gritar. La vidente no pudo seguir. El asesino desprendía demasiada energía negativa. Michaela nos preguntaba si pensábamos mucho en el asesino. Francamente yo estaba convencida de que toda la energía que gastara en él sería inútil, y Roeland, Germán y Melisse pensaban lo mismo. Era un demente y yo esperaba de todo corazón que lo encerraran. Eso era todo.

Pero entonces Michaela se asustó, se puso nerviosa y dijo que no sabía qué hacer. Dijo que nunca antes le había pasado algo parecido. Después de un titubeo dijo que Hester apareció y que quería hablar y que escupía fuego porque Michaela intentaba impedírselo. Por fin Michaela la dejó hablar. Hester dijo que amaba mucho a su madre, su padre y sus hermanos. Nunca había querido despedirse de esta manera y no estaba preparada. Pero pasó lo que pasó. Y entonces, sin que Michaela se moviera, el anillo de Hester saltó de la mano de Michaela y cayó debajo del sofá. Cuando recogí el anillo y quise dárselo a Michaela, la vidente me dijo que Hester me lo quería dar a mí. Desde entonces lo llevo y de esa manera Hester me acompaña siempre.

Hester se calmó poco a poco. Michaela dijo que se iba con sus acompañantes, quienes le aseguraron a Michaela que nos había transmitido lo que Hester había querido decir. En seguida mi niña se dirigió a la luz y desapareció.

Empezamos a leer todo lo que se hubiera escrito sobre la vida después de la muerte y entramos en un mundo que desconocíamos casi totalmente. Supimos que hay gente que tiene contacto con familiares y amigos fallecidos y que opina que la vida no se detiene con la muerte. Ello nos dio cierta esperanza, porque era eso lo que queríamos para Hester. Por otra parte, mirábamos esas historias con cierto escepticismo: hasta ahora nadie había regresado de la muerte. Pero guardábamos la esperanza de que la vida de Hester, esa vida tan esplendorosa, no hubiera sido inútil.

Capítulo 5

LAS PRIMERAS FIESTAS

El mes de diciembre es intenso para todo el mundo, y todavía más para nosotros. Tanto Roeland como yo cumplimos años y siempre celebramos el 5 de diciembre la fiesta de San Nicolás (tradicionalmente los holandeses entregan regalos este día a semejanza de lo que sucede en Navidad). Pero ese año San Nicolás pasó en silencio; ni siquiera éramos capaces de ver las fotos de los años anteriores. Celebramos el cumpleaños de Roeland en el restaurante donde nos habían dado servilletas extra para secar las lágrimas. Y ese día nació una nueva tradición: en el momento en que estábamos los cuatro sentados a la mesa, como huérfanos tristes, preguntándonos cómo podríamos celebrar un cumpleaños sin Hester, Roeland hizo aparecer como por arte de magia una foto, con un marco, y la colocó en el centro de la mesa. Así Hester estuvo presente de alguna manera.

Poco después, dos amigos de Hester nos regalaron un precioso marco para fotos en forma de corazón. De ahí en adelante colocamos en cada oportunidad la foto de Hester con ese marco en la mesa. Recuerdo la mirada sorprendida del nuevo novio de Melisse cuando por primera vez cenó con nosotros. Pero él también se acostumbró a ello, y a la facilidad con la que involucrábamos a Hester en nuestras conversaciones.

Afortunadamente tampoco en esa época nadie se olvidó de nosotros. Recibimos muchas tarjetas agradables. Nunca antes habíamos recibido tantos saludos de Navidad y con cada tarjeta regresé al llanto. Cada postal era un pequeño apoyo para ayudarme a mantenerme en pie.

Después de mi cumpleaños llegó la Navidad más difícil de nuestra vida. El primer día de Navidad estábamos los cuatro juntos, tristemente unidos en nuestra pena, dándonos consuelo mutuamente.

Juntos visitamos la tumba y lloramos debajo de un paraguas. Melisse había escrito una tarjeta para Hester, y Germán le escribió una carta para decirle cuánto la echaba de menos y que la quería ver, oler, sentir, abrazar, y que estaba tan orgulloso de ella y que sólo después se había dado cuenta de lo importante que ella había sido para él. En la vida diaria uno no piensa nunca en eso, y sólo después de la muerte sentimos la dolorosa realidad. Habíamos perdido nuestra manera de vivir despreocupadamente. En retrospectiva aprendemos que la inocencia de la vida es de alguna forma una vida descuidada, ajena a los grandes dolores. Y esa manera de vivir sin preocupaciones desapareció para siempre, no volvería jamás.

Germán y Melisse cocinaron ese día, y se convirtió incluso en una tarde agradable. Creo que nos fortaleció:

habíamos esperado con miedo ese día de Navidad, pero juntos intentamos pasarlo bien, lo conseguimos y eso nos hizo sentirnos mejor.

El día después de Navidad fueron a cenar con nosotros mi hermana Lon, su esposo Joep y sus tres hijos con sus cónyuges, y sus nietos y nietas. Estábamos obligados a retomar la vida. Naturalmente no sentíamos ningún placer en comprar y adornar el árbol de Navidad, pero yo opinaba que debíamos tener un árbol. Y había regalos para Hester: velas bonitas para la tumba. Debo confesar que, a pesar de todo, finalmente me sentí aliviada cuando pude tirar el árbol.

Ese mismo mes de diciembre me llamó un amigo de Hester y me contó que había buscado ayuda de un psicólogo porque no logró superar el dolor por la muerte de Hester. Le conté que yo había hecho lo mismo. El chico se mostró sorprendido, porque yo era una persona que controlaba muy bien sus sentimientos.

—Sí, para el mundo exterior —le dije—, pero en realidad soy bastante sensible y la fortaleza es pura apariencia —le dije que precisamente me costaba mucho mostrar mi dolor.

Entonces el chico me contó algo de la época en que Hester y él fueron novios, cuando ella tenía 20 años. En esa época Hester escribió en su diario:

> Estoy deprimida y no sé cómo superarlo. No tiene sentido hablar con mi madre porque ella es tan perfecta, siempre tenía buenas notas cuando estudiaba y no me entenderá; y mi padre

es un amor, pero no me puede ayudar porque lo justifica todo. En realidad mis padres me conocen muy mal.

Y yo que pensaba que Hester era siempre positiva y optimista, que, contrario a mí, nunca se daba por vencida.

He meditado largamente sobre esa conversación, que me impresionó mucho. Ya hacía mucho tiempo que Hester había escrito esas líneas y era lógico que se creara cierta distancia entre padres e hijos. Pero me entristeció descubrir que no siempre hubiera podido ser un apoyo para mis hijos, que me veían de otra manera. Y sentí cierta amargura porque nunca más tendría la oportunidad de hablarlo con ella; ya no podía ayudarle más.

Llegó la cena de Año Nuevo, el último momento difícil de ese año. En mi imaginación escuché cómo entraba Hester en la casa:

—Hola, mamá —imaginé que decía—. ¿Dónde estás? ¿Mamá?

Roeland había comprado fuegos artificiales que enviaríamos al cielo para Hester. Estábamos a punto de empezar a cenar con Germán y Melisse cuando tocaron el timbre. Era Marius. A cualquier otra persona le habría negado la entrada, pero no a Marius, pues él había sido parte de Hester. Marius nació en la misma casa que Hester, sus padres eran nuestros vecinos de arriba. Iban al mismo colegio y eran amiguos desde muy pequeños. En los funerales el ataúd fue llevado por amigos y familiares: Marius fue uno de ellos, el compañero más antiguo. Fue un momento conmovedor: esos jóvenes altos, vestidos con diferentes trajes, muy de acuerdo con el carácter de Hester. Marius iba a celebrar el fin de año con sus padres, pero cambió de idea y tuvo la fuerte sensación de que tenía que ir a vernos. Le pregunté si no lo esperaban en su casa.

—Sí, pero si digo que estuve con ustedes lo entenderán perfectamente.

Al día siguiente fueron más amigos y amigas de Hester. Era agradable la atención de esos chicos: era como si estuviéramos de alguna manera en contacto con Hester. Empezó el nuevo año y, como siempre, en mi trabajo se nos dio la oportunidad de reunirnos para desearnos feliz año nuevo. ¡Resultó una experiencia terrible! Algunos me desearon mucha fuerza, pero la mayoría me deseó un feliz año. La intención era buena, pero ¿cómo se les ocurría que el año pudiera ser feliz?

Era llamativo que los cuatro manejábamos la muerte de Hester de manera muy distinta en nuestros trabajos. Yo lo contaba a todo el mundo mientras que Roeland hablaba de ello muy excepcionalmente. Le era difícil si un cliente de repente le daba el pésame; lo sobrecogía la emoción y es difícil en una tienda cuando uno tiene que atender a la gente. Germán, por el contrario, dedicaba mucho tiempo a hablar en su trabajo, pero en su área esperaban el cien por ciento de dedicación y en esos meses el muchacho no lo conseguía. Melisse era parca en sus palabras sobre la tragedia de su hermana. Sus colegas lo sabían pero en su trabajo no era tema de conversación. Lo que quiero decir es que para todos nosotros era difícil encontrar una forma de seguir con la vida.

Yo recuerdo que no soportaba que mi entorno me protegiera. Trabajaba duro y tenía la impresión de que lo hacía con más lentitud, pero no rendía menos que antes. Al preguntárselo a mis colegas, ellos confirmaron ese sentimiento. Me daba cuenta de que la organización de grandes eventos llegaba a manos de otros. Me irritaba, porque no quería que me trataran con guantes de seda. Afortunadamente tenía la terapia, donde aprendí a hacer frente a este tipo de irritaciones.

A mediados de enero de 1999 todavía no teníamos noticias desde México. Nos extrañó, porque estábamos seguros de que, después del segundo asesinato, el criminal sería detenido rápidamente. Pedimos información a través del Ministerio de Relaciones Exteriores holandés. La respuesta llegó el 27 de enero. Efectivamente, Roberto Flores había sido visto y reconocido en otros hoteles de Ciudad Juárez, pero utilizando también el nombre de Roberto Hernández. Se comprobó que el 23 de septiembre de 1998 el hombre se había alojado en un hotel de la misma calle donde Hester fue asesinada: ¡Cuatro días después del asesinato! El 18 de septiembre estuvo en ese mismo hotel con una mujer, pero partió al cabo de unas horas. La policía fue nuevamente a su supuesta vivienda, y volvió a interrogar a sus vecinos. Tal como habían declarado antes, el hombre tenía una figura atlética y sabían que en el segundo piso de su casa había un gimnasio. Nos pareció extraño que los vecinos hubieran notado eso y que fuera lo único que sabían de él. En todo caso seguían sin detenerlo. Estaba prófugo, decían.

Silencio hasta finales de abril, cuando nos informaron del testimonio de una mujer, Rosa, que en los meses de agosto y septiembre había trabajado como camarera en un pequeño restaurante al lado del Hotel Plaza. Ella contó que en septiembre hubo un cliente que asistió con regularidad: un hombre con figura atlética, cicatrices de acné en la cara y un tatuaje de una mujer desnuda en el brazo. Se mostró muy interesado en Rosa y entablaron una conversación. El hombre dijo que era originario de Estados Unidos, y que estaba prófugo porque accidentalmente había matado a un conocido. Ahora pensaba residir en Ciudad Juárez y establecer un restaurante. Le pidió a Rosa que lo ayudara, pero ella no quería porque estaba a gusto en su trabajo. Este hombre se llamaba Roberto Flores.

Nuevamente se informaba que se había contactado al FBI en El Paso, porque el sospechoso probablemente era originario de Estados Unidos. Además la policía había investigado qué había hecho Hester desde su llegada a México. Cumplieron con su tarea y descubrieron que Hester había visitado el sitio arqueológico de Nuevo Casas Grandes. Querían investigar más a fondo para saber qué más había hecho en México.

Esto fue para mí un nuevo motivo de enfado. La noche que recibimos la noticia de la muerte de Hester yo llamé a la policía en México para preguntar qué había pasado. Sabían dónde encontrarnos. ¿No habría sido más lógico pedir la ruta de viaje a los padres de la víctima a través del Ministerio de Relaciones Exteriores? Se habrían ahorrado un montón de trabajo y tiempo, que podrían haber dedicado a detener criminales.

Mandé una carta a la policía de Ciudad Juárez explicándoles día por día el itinerario de Hester, con nombres y direcciones, y les dije que me parecía incomprensible que no nos hubieran involucrado en su investigación a nosotros, los padres.

Nunca hubo respuesta.

Capítulo 6

UN POCO MÁS DE CLARIDAD

Sólo en mayo de 1999 obtuvimos un poco más de claridad. El 4 de mayo, precisamente a las ocho de la noche, cuando todo el país conmemora a las víctimas de la Segunda Guerra Mundial, sonó el teléfono. Alguien llamaba desde Brasil. Se presentó como Marjon van Royen y explicó que estaba escribiendo un artículo de fondo para el *NRC Handelsblad*. Quería hacerme algunas preguntas sobre el asesinato de Hester. Dije que me tomaba de improviso y le pedí que me llamara en una hora. Tenía cierto recelo con los medios de comunicación y, ante todo, quería saber con quién hablaba. El *NRC Handelsblad* es un periódico de calidad y afirmaba que Marjon van Royen era su corresponsal en América Latina.

Cuando supe que podía confiar en Marjon, hablé largamente por teléfono con ella sobre la muerte de Hester y de la actividad, o mejor dicho la falta de actividad, en México. Cuando apareció el artículo, nosotros comprendimos por primera vez algo de la vasta problemática de Ciudad Juárez. Hasta ese momento no estábamos conscientes de que no solamente era que "Hester había sido víctima de casuales circunstancias en una ciudad como cualquier otra". Hasta entonces habíamos estado ocupados mayormente con nosotros mismos y con nuestro dolor, y no habíamos puesto atención a la totalidad del problema. Incluso habíamos huido de esa realidad.

Yo recordaba que el policía que nos dio la noticia de su muerte nos había dicho que a lo largo de esa frontera no había mucha seguridad. Y la periodista de Radio Rijnmond también había hablado de muchas muertes. Pero si la mitad de esa noticia era incorrecta, ¿por qué serían correctos los demás datos? No habíamos comprendido que el problema era de tal magnitud, como describió Marjon van Royen.

La periodista contaba sobre la enorme pobreza en México en la región fronteriza, y la enorme riqueza en la parte estadounidense. Informaba que la fiscal Zuly Ponce de Ciudad Juárez, quien había firmado los documentos que nos llegaron de la policía mexicana, no trabajaba precisamente en favor de las víctimas y los familiares, sino más bien en su propio beneficio. Ella minimizaba los problemas y daba explicaciones aberrantes.

Durante la Segunda Guerra Mundial hubo escasez de mano de obra en Estados Unidos, tanto en la industria como en la agricultura. Estados Unidos y México firmaron entonces un acuerdo de migración, conocido como Programa Bracero, para que los mexicanos pudieran trabajar en Estados Unidos.

Este programa concluyó en 1964 y el gobierno mexicano instauró a lo largo de la frontera con Estados Unidos una suerte de zona de libre comercio para crear puestos de trabajo para ciudadanos de otras regiones de México.

En la década de 1980 decenas de miles de personas llegaron a trabajar a Ciudad Juárez para empresas de todas partes del mundo, entre otras de Europa y Japón. A mediados de la década de los noventa migraron más trabajadores a esa zona como consecuencia del Tratado de Libre Comercio (TLC) entre México, Canadá y Estados Unidos —y de la crisis económica que causó una fuerte devaluación del valor del peso mexicano—. En consecuencia era todavía más rentable para empresas internacionales establecerse en la zona fronteriza entre México y Estados Unidos.

Marjon van Royen describió estas fábricas de ensamblaje, las maquiladoras. En el TLC se había acordado que Estados Unidos y Canadá proporcionarían las fábricas y los materiales, y México la mano de obra barata para montar los productos que se venderían en el exterior.

Cada día llegaban cientos de familias a Ciudad Juárez. La mayoría de las mujeres encontraban trabajo inmediatamente. Se les consideraba confiables y capaces de hacer el trabajo minucioso en las fábricas. Pero los hombres preferían un trabajo más "masculino" y muchos se dedicaban al narcotráfico, porque además de la industria maquiladora, el narcotráfico se convirtió en una de las fuentes de ingreso más importantes de la región.

Ciudad Juárez era la principal zona de tránsito de droga de América del Sur hacia Estados Unidos, después de que los estadounidenses aumentaron la presión sobre Colombia para combatir el cultivo y la producción de cocaína. Era un problema tremendo. Y eran fácil cruzar la frontera: había verdaderos muros, muy altos, con alambre de púas, y anchos tramos de tierra de nadie, con numerosos agentes que patrullaban para evitar que los pobres mexicanos entraran a Estados Unidos. Del otro lado no había ningún problema: los estadounidenses podían viajar libremente a Ciudad Juárez.

Y claro está, Marjon van Royen escribió también sobre los asesinatos cometidos en los últimos años. En aquel tiempo se hablaba de 200 mujeres asesinadas, pero las autoridades no tenían estadísticas; en la mayoría de los casos eran indefensas trabajadoras de fábricas, que venían de otras partes del país: su familia vivía muy lejos, lo que las hacía muy vulnerables. Las condiciones laborales eran malas, y debido a las horas de trabajo irregulares, el trabajo por turnos y el trayecto largo y peligroso desde la ciudad hacia las fábricas, se exponían a grandes riesgos.

Represalias de narcotraficantes, violencia y desapariciones estaban a la orden del día y nadie tomaba el problema en serio. Si uno de los familiares se quejaba ante las autoridades, lo despachaban con falsas promesas. Una de las madres pensaba haber encontrado el cuerpo de su hija, pero la policía sostenía fríamente que se trataba de otra mujer que había desaparecido hacía tres años. No se investigaba de manera eficaz. Las autoridades competentes adoptaban una postura tendenciosa y denigrante hacia las mujeres. La policía decía a menudo que los padres tenían que haber cuidado mejor a sus hijas, o que las víctimas eran en parte culpables de su suerte. Muchas de las mujeres y niñas asesinadas habían sido maltratadas terriblemente antes de morir. En comparación con ellas, Hester había "tenido suerte".

La explicación sencilla de Zuly Ponce era que todos los asesinatos habían sido cometidos por un solo hombre, el egipcio Abdul Latif Sharif, que ya había sido detenido. El problema estaba resuelto, según la fiscal. Sin embargo, los asesinatos continuaban.

Estábamos perplejos y muy enfadados por el hecho de que el Ministerio de Relaciones Exteriores holandés no nos hubiera proporcionado esa información de fondo. Parecía que el ministerio sólo pensaba en cuidar las relaciones comerciales entre Holanda y México.

En su artículo, Marjon van Royen también prestó atención al asesinato de Hester. Había hablado con la fiscal Ponce sobre el supuesto autor del crimen, y la fiscal tenía incluso un retrato hablado del tipo. Marjon nos lo envió. No pude ver la cara del malhechor. Rompí el dibujo en mil pedazos y lo quemé. Las cenizas desaparecieron por el desagüe de la cocina.

En junio de 1999 leímos un artículo en el diario *De Telegraaf* sobre la detención de un supuesto asesino en serie en Texas, Estados Unidos. Inmediatamente preguntamos a la

Secretaría de Relaciones Exteriores de México si ese caso podría estar relacionado con Hester. Ellos estimaron que era muy probable que se tratara del mismo asesino. Empecé a temblar, la mera idea me perturbó enormemente. Se lo conté de inmediato a Roeland, Germán y Melisse. Pero todo resultó ser una falsa alarma. Gran decepción.

Germán reaccionó impetuoso: "No me llames más, mamá, no con esas noticias. Cada vez me emociono más y aún no hay ningún resultado". Tenía razón. Desapareció nuestra confianza en un eventual arresto. Poco a poco tuvimos una idea más clara de las actividades de la policía mexicana y, francamente, nos considerábamos muy afortunados de estar lejos de Ciudad Juárez y no tener la posibilidad de encontrarnos con el asesino.

Las pausas entre los informes que llegaban de México eran cada vez más largas.

Un año después, en junio de 2000, nos llegó del ministerio una noticia extraoficial de México. La policía mexicana había conseguido un retrato y una serie de datos personales del asesino de Hester. Efectivamente tenía la nacionalidad estadounidense, y su "campo de trabajo" era el centro de Ciudad Juárez, más específicamente El Paso del Norte, el puente internacional sobre el Río Grande. Testigos lo habían visto también en El Paso. Ahora la policía de México y la de Estados Unidos estaban colaborando estrechamente para localizarlo.

Durante un largo tiempo hubo silencio. A principios de 2001 el ministerio nos informó que las autoridades estadounidenses habían entregado un detenido a México. Desde 1993 el hombre había cometido una serie de asesinatos en Ciudad Juárez. Pero con la respuesta de Zuly Ponce se comprobó que este hombre no se parecía en nada al retrato hablado del asesino de Hester. La policía mexicana envió un fax con los retratos de ambos hombres. No podía mirarlos sin que se me revolviera el estómago.

Poco después un periodista mexicano buscó contacto con nosotros a través de la Secretaría de Relaciones Exteriores de México: era Sergio González Rodríguez, del diario *Reforma*. Nos hizo una entrevista muy extensa por correo electrónico, sobre la juventud de Hester, nuestra relación con ella y con sus hermanos, a qué colegios había ido y cuántas amigas y amigos había tenido. Cinco cuartillas de información. Incluso le escribí sobre un sueño que yo tuve poco tiempo después de su muerte:

> Estábamos haciendo un día de campo con toda la familia, en el césped junto al muro de Berlín. Hester ya había muerto pero aun así estaba con nosotros. Era maravilloso, un ambiente seguro, todos disfrutábamos. Pero en un momento dado Hester tenía que volver hacia el otro lado del muro. Le decía que pidiera autorización para quedarse unos días más. Alegremente saltaba y daba la vuelta al muro. En ese momento desperté y supe que nunca tendría respuesta a esa petición.

En 2001 apareció el libro *Huesos en el desierto*, de Sergio González. El autor dedicó un capítulo a Hester, "La pequeña holandesa", y prometió enviarme el libro, pero nunca lo recibí. Por correo electrónico sí recibimos el capítulo sobre Hester, en el que González narra que la policía hizo muy poco para resolver el caso. El capítulo finaliza con mi sueño, en un día de campo junto al muro de Berlín.

Capítulo 7

ASOCIACIÓN PARA PADRES DE HIJOS ASESINADOS

Durante el año posterior a la muerte de Hester, mi hermana Lon me dio el número telefónico de la Asociación para Padres de Hijos Asesinados. Asistimos a un encuentro Lon, Germán, Melisse y yo. Roeland tenía que trabajar. Fue una tarde muy emocionante. Estuvimos unas cuarenta personas y cada uno contaba su propia vivencia. Escuchamos historias terribles, y al mismo tiempo nos quedó claro que no estábamos solos con nuestra pena y pudimos compartir de alguna manera el dolor.

La mayoría de los niños habían sido asesinados en Holanda. Era la diferencia más obvia con Hester, a quien habían ultimado en México, un país lejano, que nos obligó a tener contacto esporádico con la policía y la justicia mexicanas, y siempre a través del Ministerio de Relaciones Exteriores holandés. El autor del crimen todavía no había sido arrestado. Estaba prófugo y ya casi habíamos perdido la esperanza de que alguna vez fuera capturado. Para nosotros su figura era como una presencia en la sombra. Cuando había una leve esperanza de su detención, toda la familia se trastornaba, aunque en nuestra vida diaria no desempeñaba ningún papel importante. Nosotros habíamos estado más ocupados con el dolor que con la furia, mientras que en las otras familias, ahí reunidas, la furia estaba entretejida en la vida diaria. El autor del crimen era una presencia mucho más palpable. A menudo se trataba de una persona conocida, por ejemplo un ex novio de la víctima, quien había compartido la cena de Navidad con la familia.

Cuando el asesino era finalmente detenido, el problema no se terminaba. Todo lo contrario: los problemas recién comenzaban. Por ejemplo, cuando el sospechoso era puesto en libertad por falta de evidencia, o el inculpado no era condenado por asesinato sino por homicidio simple. Ahora, si el delincuente era menor de edad, saldría en libertad al cabo de dos años y medio, y en ese periodo los padres apenas habrían logrado sobrevivir con su dolor, sin superarlo, porque creo que después de un asesinato uno jamás puede superar el dolor. En los primeros años después de la muerte de Hester aprendí que uno se acostumbra a convivir con una constante tristeza. Eso sí se puede aprender.

En las reuniones de la asociación aprendí también que si el autor del crimen es condenado, la pena nunca es suficiente. Si la condena era por 12 años de cárcel, el asesino podía salir en libertad al cabo de nueve años, de acuerdo con el sistema judicial que rige en Holanda: en caso de buena conducta, sólo se tienen que cumplir dos terceras partes de la condena. Pero por muy larga que sea la pena, siempre es demasiado corta para los familiares de la víctima. Es lógico, porque los familiares y cercanos tienen que vivir toda la vida con esa tristeza. Y si se pierde un hijo en Holanda como consecuencia de un crimen o un acto violento, uno tendrá que hacer frente a un juicio, precedido por audiencias. Sobre todo en los primeros años de existencia de la asociación, todavía no se prestaba mucha atención a los familiares de una víctima. Las audiencias y los juicios se convertían en acontecimientos exasperantes, que afectaban a los familiares durante meses, y en consecuencia éstos no lograban encarar el periodo del duelo. No tenían tiempo para aprender a vivir con el pasado.

Y entonces llega para los familiares de la víctima ese momento de la puesta en libertad del culpable. A veces se trata de alguien que vivía en la vecindad de los familiares, y ellos podían encontrarse con él cuando iban de compras. No puedo olvidar la reacción de un padre que había perdido a su hija. El asesino salió en libertad y el padre dijo que no podría controlarse si se lo topaba cuando estuviera conduciendo; seguramente lo atropellaría. Era bueno hablar de ello. El asesino había sido condenado por homicidio, pero si el padre llevaba a cabo su intención, sería condenado a una pena mucho más larga por asesinato, porque el acto sería con premeditación. Su familia ya había perdido una hija querida. Y de ninguna manera él podía reaccionar de esa manera, porque en tal caso su familia también perdería su calor y apoyo. Si una tragedia es insoportable, ¿cómo serán dos? De esa manera uno lograba reflexionar gracias a las reuniones de la asociación.

Yo, por ejemplo, me daba cuenta de que era un pensamiento tranquilizador saber que probablemente nunca me encontraría con el asesino. Y tampoco tenía que enfurecerme sobre penas de cárcel demasiado cortas. Es cierto, en ese momento no había sido detenido, pero si lo arrestaban —una posibilidad que en aquel tiempo todavía consideraba factible— lo encerrarían por el resto de su vida. En una cárcel en México, algo no muy agradable, suponía.

Capítulo 8

EL "DESPUÉS" NO LLEGARÁ NUNCA

El 24 de septiembre de 1999 Hester habría cumplido 29 años. Seguramente había conseguido empleo o estaría ocupada con una pasantía en Holanda o Estados Unidos. Habría diseñado algún edificio o tenido una relación amorosa; quizá con pensaría en tener hijos. Habría sufrido decepciones y alegrías. Sin embargo, el "después" no llegará nunca. Cada día estaba más consciente de ello.

Había momentos en los que estaba sorprendida de que estuviera muerta; en ese mes de septiembre, un año después, la total crudeza del hecho entraba plenamente en mi conciencia, a pesar de que todo un año hubiera estado ocupada día a día con su muerte. Una foto recién recibida podía causar un nuevo mar de lágrimas. Estaba acostumbrada a las fotos antiguas, que colgaban en la pared y con las que hablaba cada día: eran parte del ambiente. Pero una nueva foto provocaba una nueva marea de tristeza.

En Holanda el mes de septiembre tiene una atmósfera muy particular: el aire es nebuloso, huele vagamente a hojas putrefactas y tierra. Cuando Hester estaba por nacer, me di cuenta por primera vez de esa atmósfera, y ahora volvía a reconocerla.

El día del nacimiento de Hester y el de su muerte caían en fechas muy cercanas, pero preferimos conmemorar su cumpleaños y no el día en que la asesinaron tan brutalmente. Jonet, la prima de Hester, que cumple años el día de la muerte de Hester, había expresado el deseo de ir con toda la familia a las Ardenas, en Bélgica, para volver a visitar una pequeña capilla, una ermita, donde la había pasado muy bien con Hester durante las vacaciones que acostumbrábamos a disfrutar en familia. En las paredes de la ermita colgaban los "milagros" más variados: muletas, zuecos, incluso pañales sucios, todos tributos de los peregrinos. Junto con nosotros Jonet quería dejar ahí una carta para Hester.

Toda la familia estuvo presente, la nuestra y la de mi hermana Lon. Ella había comprado un mirto precioso —Hester significa "mirto florido"— y el mirto estaba en flor. Subimos al monte y Jonet colgó su carta en la capilla. Uniendo fuerzas cavamos un hoyo en el suelo rocoso y plantamos el mirto. Los hombres colocaban cruces de ramitas y enredaderas. Melisse escribió la fecha 19-9-1999 en una piedra y plantó dos Nomeolvides. Nos fuimos satisfechos. Había sido un día muy especial.

En casa nos encontramos nuevamente con una pila de correo y nuevamente nos inundó la tristeza. Sentíamos el cariño de toda esa gente que sufría con nosotros, que en sus pensamientos intentaba sentir y acompañarnos en los recuerdos de lo que había pasado hacía un año.

Para el día de la conmemoración, el cumpleaños de Hester, Germán diseñó una tarjeta especial: una foto del pajarito de bronce que colocamos en la tumba de Hester. Ese pajarito, noble y vulnerable, era muy simbólico para Hester. Ese día invitamos a todos sus amigos y amigas que figuraban en su agenda. Eran cincuenta, como mínimo. También invitamos a nuestros amigos y familiares que nos habían apoyado durante esos primeros días. Invitamos a un relator que contó una historia en la que la muerte no significa necesariamente el fin. Durante la narración, afuera, rugían los truenos y relámpagos. Ese temporal estableció una sensación de cercanía con la naturaleza y con Hester. No tocamos música. Todo el mundo conversaba y contaba su experiencia de tener que vivir con la muerte de su amiga, su prima o su hermana.

Para la tumba de Hester, Germán y Melisse montaron una ofrenda: un arco de color rojo y amarillo lleno de estrellas y dulces, con pimientos transformados en linternas que llevaban velitas. Y nos llegaron mares de flores, entre ellas muchos girasoles, la flor preferida de Hester. Y de ese modo florido su tumba se convirtió casi en un lugar de fiesta. Pedimos a todos los que fueron a su cumpleaños que escribieran un recuerdo sobre Hester. Así se creó un libro muy bonito, como si Hester volviera a la vida. Muchas de esas rememoraciones eran nuevas para mí.

Poco después de ese primer aniversario sin Hester, mi terapia finalizó. Desde el comienzo mi psicólogo Félix había dicho que al cabo de un año yo tenía que ser capaz de seguir adelante, de lo contrario él no habría hecho bien su trabajo. Yo sabía que echaría de menos esas conversaciones intensas y esa atención plena, pero había aprendido a sentir el dolor por Hester en toda su profundidad. Sabía que ya no empezaría a llorar en presencia de mucha gente, porque era capaz de hacer frente a mis temores, mi tristeza y mi furia.

Con dificultad y obstáculos llegamos al segundo año. Algunas cosas poco a poco funcionaban mejor. Por ejemplo, mi memoria. Por naturaleza soy bastante olvidadiza, pero ese primer año de la muerte de mi hija tenía realmente una memoria de gallo. Dicen que es una suerte de mecanismo de protección, pero para mí era una sensación angustiante, porque también podía estar relacionado con mi edad. ¿Volvería esa memoria? Sí volvió, pero con regularidad leo cartas o documentos de esa época y me doy cuenta de que ya debería saber algunos datos, por ejemplo sobre Ciudad Juárez, que se me han olvidado completamente.

Incluso ahora todavía no tengo la capacidad de concentración de antes. Estoy haciendo algo, alguien me habla y ya no me acuerdo de lo que estaba haciendo. Antes era perfectamente capaz de hacer varias cosas a la vez. Ahora ya no me es posible.

Descubrí que no es verdad lo que dice la gente de que todo mejora después del primer año. Quiero creerlo, pero su ausencia me perturbó incluso más en el segundo año que en el primero, cuando quizá todavía vivíamos con ese imposible pensamiento de que podría volver algún día.

A veces lo olvidábamos por un momento, gozando de un día espléndido a comienzos de primavera. Queríamos sentarnos a leer en el jardín, pero de repente nos encontrábamos con nuevas memorias: las plantas que yo sacaba del jardín para la terraza de Hester, los momentos agradables cuando ella pasaba por casa y cenaba con nosotros en el jardín. Todos los detalles cargados con su presencia conducían irremediablemente al llanto.

Me pasaba en todas partes: yendo en bicicleta, caminando hacia el tranvía, en la estación de trenes, cuando de repente veía a alguien, una mecha del pelo, una manera de andar o de hablar. Tenía que acostumbrarme a ello. En algún momento me propuse contemplar ese fenómeno de otra manera, verlo positivamente, convertirlo en algo especial. Hoy día cuando veo algo que me recuerda a ella intento alegrarme, verlo como un recuerdo precioso de Hester, un saludo cariñoso. Así logro soportarlo.

A través del Ministerio de Relaciones Exteriores llegaban de vez en cuando noticias desde México, pero en realidad nunca hubo nuevos datos. A veces se informaba sobre un cambio de cargo, un fiscal nuevo. Nos explicaron por qué era difícil obtener información: los contactos con Holanda se mantenían a nivel del gobierno central, y los asesinatos en Ciudad Juárez no son responsabilidad de las autoridades federales, sino del gobierno de Chihuahua. Y ahí desgraciadamente no asumieron su responsabilidad. Era obvio que el asesinato de Hester no tenía prioridad. Poco a poco perdíamos la determinación de insistir en el caso. Todo el tiempo teníamos la sensación de que estábamos dirigiéndonos a la persona equivocada. A veces yo llamaba por teléfono para preguntar si había progreso, por ejemplo cuando leía en la prensa sobre la detención de alguien en Estados Unidos que había sido extraditado a México. Pero la respuesta siempre era la misma. Después del asesinato de Hester, el FBI se ocupaba del caso, pero sin resultado. El asesino todavía no había sido detenido.

En mi trabajo tendría la posibilidad de jubilarme antes de tiempo, en 2004. Me alegraba de que me quedaran casi tres años de trabajo. Pero en 2002 todo cambió. La recesión afectó severamente al sector de la computación y en mi departamento tenían que prescindir de una persona. Era lógico que fuera yo. En retrospectiva lo entiendo perfectamente, pero cuando me anunciaron que el 1° de enero de 2003 se terminaría mi contrato, mi mundo se hundió. Me sobrecogió el hecho de que nuevamente una situación externa desestabilizara mi existencia. ¡Yo quisiera haberlo decidido y el destino tenía tan bien planificada mi vida! Y yo, que nunca había estado enferma, me enfermé. No es que me gustara estar en casa, pero no aguantaba ir al trabajo. ¡Estaba furiosa! Sin embargo el médico de la empresa dio la solución perfecta: trabajar media jornada, la mejor solución para todas las partes. Hice las paces con mi jefe y empecé a concluir mi trabajo, traspasar las tareas a otros, y tuve la oportunidad de despedirme de todos mis colegas que me habían apoyado tanto a lo largo de los años. Con ellos había compartido una parte muy emocional de mi vida y todos ellos eran importantes para mí. Lo que más temía era el momento de la despedida. No obstante fue una maravillosa fiesta. Me regalaron un cuaderno en el que todos habían escrito algo sobre mí: anécdotas curiosas y graciosas.

Desde enero de 2003 estaba en casa todo el día. Echaba mucho de menos a mis colegas, el contacto diario, las conversaciones junto a la máquina de café. Me resultaba muy difícil llenar ese vacío y nuevamente empecé a darle vueltas a las cosas. Era obvio que habría sido nefasto si después del asesinato de Hester hubiera dejado de trabajar.

Capítulo 9

DIFUSIÓN DE AMNISTÍA INTERNACIONAL

El periodista mexicano Sergio González Rodríguez, quien nos había hecho una extensa entrevista y dedicado a Hester un capítulo de su libro *Huesos en el desierto*, se dio cuenta de que nosotros vivimos en La Haya, la ciudad del Palacio de la Paz. Es la sede de la Corte Internacional de Justicia y de la Corte Permanente de Arbitraje. Sergio González había insistido en que presentara el caso de Hester, como víctima de una violencia insensata, ante una organización holandesa de derechos humanos. Aun así esperé un año para hacerlo. Francamente no sabía a qué organización dirigirme. En ningún momento pensé en Amnistía Internacional, no porque no la tuviera en alta estima, sino porque no creía que pudieran ocuparse de un caso como éste. Tras un intercambio de correos con Sergio, entendí que era la organización idónea y los llamé. La persona que me atendió dijo que Amnistía Internacional no luchaba por casos particulares como el de Hester sino contra la violencia estructural. Cuando le dije que Hester era una de las muchas mujeres asesinadas en Ciudad Juárez, me prometió estudiar el tema.

Al cabo de algún tiempo llamé de nuevo y me informaron que los asesinatos en Ciudad Juárez serían mencionados en el informe anual de Amnistía Internacional de 2003. La edición estaba prácticamente concluida, pero igual se pudo mencionar a Hester como una víctima holandesa. Para darle relieve internacional a la situación en Juárez, era importante mencionar específicamente a Hester.

Este hecho significó un cambio brusco para nosotros, porque si Amnistía Internacional prestaba atención al problema, significaría una buena señal de que Hester pudiera servir de ejemplo concreto. Así nuestra historia y nuestro dolor de repente parecían servir para algo. Con la muerte de Hester podíamos, junto con Amnistía Internacional, llamar la atención acerca del sufrimiento y los horrores que padecían cientos de mujeres en Ciudad Juárez.

Cuando se publicó el informe anual de Amnistía Internacional en julio de 2003, el portavoz de la organización nos preguntó si podíamos dar entrevistas. También nos informó que se mencionaría a Hester en la nota de prensa que publicaría Amnistía Internacional. Naturalmente no tuvimos ninguna objeción.

La nota de prensa de Amnistía Internacional informaba que en 10 años 370 mujeres habían sido secuestradas y asesinadas en el estado de Chihuahua. Instancias oficiales hablaban además de 70 mujeres desaparecidas, y otras fuentes hablaban de 400. De las mujeres asesinadas 137 habían sido violadas o abusadas sexualmente. De ese grupo

75 cuerpos no pudieron ser identificados. Quizá se trataba de mujeres desaparecidas, pero debido a la mala calidad de la investigación forense, no se había podido establecer su identidad.

Muchas de las mujeres habían sido secuestradas, detenidas durante días y sometidas a la humillación, la tortura y al más terrible abuso sexual antes de ser estranguladas o asesinadas a golpes. Los restos fueron encontrados en basureros o en terrenos abandonados en las afueras de la ciudad. La gran mayoría de las víctimas había trabajado en las maquiladoras; otras lo hacían como camareras o estudiaban. Casi siempre eran mujeres pobres, a veces con hijos: mujeres que no importaban desde el punto de vista político o social.

Irene Khan, la entonces secretaria general de Amnistía Internacional, dijo en una conversación en la Ciudad de México con el entonces presidente de México, Vicente Fox, que era vergonzoso que las autoridades en un principio hubieran reaccionado de manera claramente discriminatoria a esta violencia cometida contra las mujeres que habían ido a Ciudad Juárez para encontrar trabajo. Más de una vez, las autoridades locales habían demostrado con sus declaraciones que consideraban que las mujeres mismas eran responsables de su secuestro o de su muerte violenta, por su manera de vestir o porque habían trabajado por la noche en bares. Se alegaba además que en muchos casos se trataba de violencia doméstica contra mujeres, lo que en México no se considera un crimen severo.

De los datos y estadísticas oficiales, las notas de prensa y los informes no gubernamentales se puede deducir que existe una relación estrecha entre la violencia contra las mujeres en Ciudad Juárez y la aceptación general de la violencia doméstica en México; en la vida diaria de muchos mexicanos, la agresión contra la mujer es un fenómeno normal. Y la combinación de violencia, drogas y machismo es tierra fértil para la extrema violencia contra las mujeres: violaciones y asesinatos. Encima de ello, la problemática de la frontera con Estados Unidos desempeña un papel importante en Juárez. La falta de una reacción eficaz de las autoridades dejaba claro que ellas también discriminaban a la mujer.

Durante mucho tiempo las autoridades federales no reconocieron oficialmente el fenómeno del feminicidio, el asesinato de mujeres por misoginia. Sólo hasta 2004 el presidente Fox reconoció el problema frente al Congreso. El mandatario prometió que en el futuro se protegerían mejor los derechos humanos. La Secretaría de Gobernación creó la Comisión para Prevenir y Erradicar la Violencia contra las Mujeres en Ciudad Juárez.

Cuando Amnistía Internacional publicó la nota de prensa, me entrevistaron. Pero no fue la única entrevista. A través de Amnistía Internacional, nos llegó una petición para participar en un programa televisivo: *Netwerk*. Y así Roeland, Germán y yo nos encontramos de repente en un programa de noticias. A Melisse le angustiaba la idea y prefirió no participar.

Antes de la transmisión los periodistas hablaron con nosotros acerca de los temas que tratarían. Después se realizó la entrevista. La periodista preguntó: "¿Y cómo fue la despedida de ella en México?" Roeland empezó a contar pero de repente rompió en llanto: la despedida en México se le presentaba como en una película. Recapacitó y siguió hablando, fue una transmisión emotiva. Y no cortaron las lágrimas, lo que reflejó muy bien la esencia de nuestras experiencias. Lo que fue algo sorprendente es que una hora de conversación preliminar y una hora de grabación, resultaron en diez minutos de emisión.

A Roeland le molestó haber llorado porque al día siguiente volvería a estar en la tienda, y todavía había muchos clientes que no sabían qué había pasado. Por otra parte le pareció normal y lógico que llorara por el asesinato de su hija. Sería poco creíble si no mostraba sus emociones.

En ese mismo 2004 se publicó un documental sobre Ciudad Juárez. Nuevamente nos llamó Amnistía Internacional preguntando si queríamos colaborar con el programa *Netwerk*, para comentar el documental con base en nuestras propias experiencias. El documental relataba que de todas partes de México llegaban mujeres a Ciudad Juárez para trabajar en las fábricas, por cinco dólares el día, y que eran sobre todo esas trabajadoras las que caían víctimas del crimen organizado. La policía y la justicia no se esforzaban mucho para perseguir a los culpables. El estudio forense dejaba mucho que desear y los eventuales sospechosos hgabían sido probablemente torturados para confesar el crimen. El documental mostraba también que en Ciudad Juárez se ofrecían drogas y sexo en cada esquina y se susurraba que los asesinos de las mujeres pertenecían a bandas internacionales de narcotraficantes que, por lo demás, circulaban en altas esferas de la sociedad. Probablemente se trataba de barones de la droga que de hecho tenían el poder en Ciudad Juárez y que gozaban de la protección de la policía.

Al cabo de la entrevista la periodista preguntó si habíamos visitado Ciudad Juárez. Contestábamos que desde el asesinato de Hester no teníamos nada que hacer ahí.

—Si alguna vez cambian de opinión, llámenme. Me gustaría mucho hacer un reportaje de su experiencia en un eventual viaje —dijo la mujer.

Seguimos dándole vueltas a esa idea, pero sólo meses después lo consideramos de nuevo. Una visita a Juárez nos daría una imagen más clara. Pero, ¿era realmente eso lo que queríamos? Por una parte no; pero por otra parte yo sí tenía curiosidad de ver el hotel. ¿Qué aspecto tenía? ¿Era un hotel como se describía en el *Lonely Planet*, donde se alquilaban habitaciones por hora, o era un hotel normal? Hester no habría entrado en un hotel cualquiera, ¿verdad? Necesitaba tener más claridad, más que Roeland.

Pensábamos en varias posibilidades. Podíamos ir solos, sin el equipo de *Netwerk*. Pero con el programa de televisión nuestro viaje tendría mucha más relevancia, serviría para denunciar la situación en Ciudad Juárez. Finalmente decidimos aceptar la propuesta. Nos acostumbrábamos lentamente a la atención del mundo exterior por la situación problemática en la que Hester desempeñaba un papel central. Éramos capaces de abrirnos cada vez más al mundo exterior.

Durante todo un año, desde agosto de 2003 hasta agosto de 2004, Amnistía Internacional intentó, de distintas maneras, darle difusión a los asesinatos en Juárez. Durante un festival de música, *Pinkpop*, se organizó una campaña. Se imprimieron fotos en formato A3 de varias mujeres asesinadas, también de Hester. Fue muy impresionante: todas esas caras alegres, mujeres asesinadas tan inútilmente. La gente podía tomarse una foto junto a una de esas imágenes, lo que era una muestra de protesta contra los crímenes. Voluntarios, entre ellos Melisse, Jonet y Germán con su novia Syl, preguntaban a la gente si querían tomarse una foto. Se tomaron 7 343, y toda esa gente reflexionó breve o largamente sobre la injusticia que ocurre en Juárez. Fue muy especial. Con todas las fotos se hizo un libro impresionante.

Junto con el especialista de México de Amnistía Internacional, presenté el libro a la embajadora de México en Holanda, Sandra Fuentes. Nos recibió en su embajada en La Haya. Había un equipo de televisión de la emisora comercial SBS6, pero no le permitieron entrar. Estaba nerviosa por esa visita a la embajada, porque no sabía qué pasaría. ¿Entendería la embajadora mi situación? Para mi gran asombro y alivio, Sandra Fuentes me preguntó ante todo si el gobierno mexicano había ofrecido en algún momento sus disculpas y mostrado compasión en este asunto tan severo. Me hizo muy bien. De repente tuve la esperanza de que los asesinatos de Hester y de las demás mujeres no quedarían impunes.

La embajadora nos dio la última información de México, naturalmente en español. Además me asignaron una persona de contacto a quien de ahí en adelante podría formular todas mis preguntas. Me dio la sensación de que quedaba una puerta abierta.

Poco después de la visita a Sandra Fuentes, la embajada mexicana me facilitó información sobre el progreso de la investigación acerca del asesinato de Hester. La embajadora había hecho contacto con la Comisión para Prevenir y Erradicar la Violencia contra las Mujeres en Ciudad Juárez. En realidad me enviaron una suerte de resumen. La comisión verificó que en la investigación de la muerte de Hester se habían violado los derechos humanos. Asimismo se constató oficialmente que entre los años 2000 y 2003 las autoridades mexicanas no habían hecho nada para agilizar la investigación, y se mencionó qué es lo que se tendría que haber hecho.

La conclusión era que los funcionarios públicos habían cumplido mal sus tareas o no las habían cumplido en absoluto y que habían descuidado la investigación. Esto había contribuido al hecho de que, cinco años después, el asesinato todavía no se hubiera resuelto. Además, la comisión demostrado negligencia por parte de varios ejecutivos, que no habían informado a sus superiores. El fiscal, por ejemplo, afirmó que nadie había visto a Hester entrar al hotel, lo cual era falso y era una muestra de la mala calidad de la investigación. Diferentes organizaciones civiles, entre ellas Casa Amiga, un hogar de asistencia para mujeres en Juárez, proporcionaron la información sobre todas las negligencias.

Y no era la única negligencia: el experto médico que firmó el informe de la autopsia omitió aplicar un método científico. En consecuencia no se pudo comprobar la verdadera causa de la muerte. También se descubrió que ningún objeto encontrado junto al cuerpo de Hester había sido clasificado ni guardado. En consecuencia no había huellas del homicida ni indicios sobre la muerte de Hester. Todo había desaparecido y solamente nos habían mandado una pequeña parte de las pertenencias de Hester. Del informe se desprendía que el gobierno federal en la Ciudad de México no había recibido información de Juárez sobre la muerte de Hester y por lo tanto no pidió ayuda al gobierno holandés para resolver el crimen. Era obvio que la policía local había decidido no sacar los trapos sucios a relucir, por lo que descuidó la meticulosidad que exige toda investigación de esta naturaleza.

Era muy peculiar darse cuenta que de repente recibíamos reconocimiento del gobierno federal mexicano. No resolvió nada, pero al menos tuvimos la impresión de que reconocía sus errores.

Capítulo 10

NUESTRO PRIMER VIAJE A CIUDAD JUÁREZ

Habíamos resuelto viajar a México, pero esa decisión fue un peso sobre nuestras almas. ¿Qué es lo que íbamos a hacer en México? ¿Era sensato el viaje? ¿Qué íbamos a resolver? ¿Nos traería más claridad? Tuvimos largas conversaciones con Germán y Melisse; a ellos les daba miedo la idea de que anduviéramos en la ciudad donde su hermana había sido asesinada. Casualmente ellos habían programado sus vacaciones con su novia y novio en los mismos días, pero podríamos comunicarnos telefónicamente con mensajes de texto.

Cuando pedí ayuda a Amnistía Internacional me dieron el nombre de Esther Chávez Cano, quien luchaba por los derechos de la mujer y en contra de la impunidad en Ciudad Juárez. Tal vez ella podría ayudarnos. Busqué información en internet y descubrí que Esther había pronunciado un discurso en Nueva York y que realmente se preocupaba por las víctimas de la violencia y por los familiares de las mujeres asesinadas. En 1998 ella fundó justamente Casa Amiga. En mi mejor español le envié un correo electrónico exponiendo mis propósitos y pidiendo asesoría.

Para mi gran alegría me contestó diciendo que seríamos muy bienvenidos. Agregó que se acordaba muy bien de la muerte de Hester, porque era la única víctima extranjera. Sentía mucha vergüenza de que México nos hubiera causado tanta desgracia. Nos preguntó qué teníamos planeado hacer en esa semana en Ciudad Juárez, con quién queríamos hablar.

Le respondí que de hecho no tenía ningún plan. Francamente estaba esperando las ideas de los periodistas de *Netwerk*. Afortunadamente Esther ofreció organizar citas con personas importantes en Ciudad Juárez. Le respondimos que antes de aceptar sus propuestas consultaríamos a Miranda Grit, la periodista de *Netwerk*. Esther nos envió una lista muy detallada con nombres de personas e instancias: la policía, el juzgado, madres de mujeres asesinadas, el FBI al otro lado de la frontera, en El Paso. Y naturalmente visitaríamos el hotel donde Hester pasó las últimas horas de su vida. Era una agenda llena y nos pareció perfecta; a fin de cuentas no íbamos a pasar unas vacaciones.

En el aeropuerto de Ámsterdam nos encontramos con Miranda y con Sonja ter Laag, la camarógrafa. Durante las largas horas del vuelo a México tuvimos más que suficiente tiempo para conocernos.

Llegamos a El Paso, en la parte estadounidense de la frontera, ya oscuro. Ahí buscamos un hotel para pasar la noche. Al día siguiente tuvimos que pasar el equipo por la aduana. No esperábamos problemas, porque todo estaba acordado con la embajada mexicana en Holanda, y efectivamente todo transcurrió sin contratiempos. El Paso era una ciudad típica estadounidense: amplias autopistas atravesaban la ciudad y a lo largo del camino había casas y moteles.

Al día siguiente fuimos a la frontera en la vagoneta alquilada por *Netwerk*. Miranda quería grabar nuestras primeras impresiones. Teníamos que acostumbrarnos a la cámara y a repetir grabaciones, porque a veces no lográbamos expresarnos bien o porque de repente el trasfondo no estaba de la forma deseada. Pasar la frontera era de lo más sencillo. Era simple entrar a México desde Estados Unidos, sobre todo en un automóvil con matrícula de Texas. Ese día, francamente la frontera no me impresionó mucho. No obstante, en el centro de Juárez sentí de inmediato una atmósfera desoladora en las calles. Casi no había zonas verdes, y de las casas bajas emanaba pobreza; anduvimos por una calle de mucho tráfico y pasamos por un almacén destruido por un incendio. Si uno se equivocaba de camino, de repente se encontraba en callejones completamente desiertos. No nos sentíamos nada seguros, sobre todo pensando en lo ocurrido.

A través de Esther Chávez, Miranda había contratado una guía, Gaby, una investigadora del antiguo Berlín oriental, quien trabajaba como voluntaria en Casa Amiga y para su estudio estaba haciendo una comparación entre Berlín y Juárez, ambas ciudades límites con fronteras muy vigiladas y graves problemas como consecuencia de esa delimitación. Para nuestra alegría Gaby hablaba inglés, alemán y español, y nos acompañó durante toda la semana. Ese primer día nos mostró la ciudad, que era mucho más grande de lo que nos habíamos imaginado. En aquel tiempo Juárez tenía un millón y medio de habitantes y un diámetro de 30 kilómetros.

El centro, con su trajín y atmósfera desagradable, estaba rodeado de edificios gubernamentales con aspecto estadounidense, y oficinas de grandes empresas. Autopistas de seis carriles atravesaban esos barrios. Era casi imposible ir en bicicleta o caminar. Debido a las grandes distancias, la gente viajaba en autobús o en coche. A pesar de la contaminación y el polvo, el centro se percibía bastante ordenado, sólo que no se veía ningún árbol.

Alrededor del centro, en el desierto, había extensas colonias pobres con grandes tierras de nadie, que seguramente en otros sitios se habrían aprovechado para hacer parques. Pero en el verano hacía demasiado calor para que creciera algo y el invierno era demasiado frío. En estos descampados se habían encontrado los restos mortales de muchas mujeres asesinadas.

Anduvimos a lo largo de extensos terrenos con maquiladoras, propiedad de grandes multinacionales, entre ellas Philips, Siemens y AEG. Las materias primas y los productos semiacabados son suministrados desde Estados Unidos. La mano de obra mexicana la proporcionan sobre todo niñas de entre 14 y 20 años, porque trabajan meticulosamente y no tienen tantas exigencias como sus colegas masculinos. Ganan entre 30 y 40 dólares a la semana y trabajan por turnos. Para las normas de Juárez son sueldos bajos, más todavía si se considera que al otro lado de la frontera se gana 10 veces más por tareas similares.

Posteriormente visitamos los barrios de los ricos. Gaby nos explicó que aún no habíamos visto todavía las verdaderas zonas de pobreza, pero la diferencia entre esos barrios acomodados y las casas sencillas en el desierto era muy marcada. Había castillos con enormes muros alrededor, para que los habitantes no se expusieran a la pobreza de los vecinos. Había grandes Mercedes y Hummers estacionados en las calles y jardines diseñados de hermosa manera. Dos familias eran las que más dinero tenían: los Zaragoza y los Fuentes, clanes poderosos que manejaban todo y a todo el mundo. Estas familias poseen también grandes extensiones del desierto. De todas partes de México llega gente y construye su casita en esa tierra. Hasta ahí nadie dice nada, pero si al cabo de un tiempo la casa experimenta mejorías, las poderosas familias cobran alquiler o los echan del terreno.

Estábamos tranquilos de poder dormir en el Holiday Inn, un hotel muy vigilado. Al día siguiente nos levantamos temprano y gozamos de un desayuno mexicano: frijoles, tacos, verdura, huevos fritos con tocino. De momento no tendríamos que comer nada más. Más tarde nos reuniríamos con Esther Chávez Cano. Había visto su foto en internet, pero no me había dado cuenta de lo pequeña que era. ¡Estaba sorprendida! Tan pequeña y tan fuerte, Esther nos daba su plena atención. Había trabajado en el área de contabilidad en una empresa grande en la Ciudad de México y llegado a Ciudad Juárez para cuidar a una tía anciana que estaba enferma de gravedad. La mujer había vivido 12 años bajo el cuidado de su sobrina y a lo largo de esos años Esther vivió el crecimiento de Juárez, que se convertía en una gran ciudad industrial, sin instituciones sociales significativas.

Esther, junto con otras mujeres, creó en 1992 la organización feminista 8 de Marzo, la cual en 1993 fue la primera en dar la voz de alarma sobre los asesinatos de mujeres jóvenes y pobres de la ciudad. Esa organización fue la única que registró los asesinatos. Seis años después, ella misma creó el llamado Centro de Crisis Casa Amiga, y en 2003 fundó la primera casa refugio para mujeres que habían sufrido violencia, porque además de los asesinatos sistemáticos de mujeres y niñas que trabajan en las maquiladoras, en México, como he dicho, la violencia doméstica está a la orden del día. Gracias a Casa Amiga las víctimas tienen acceso a asistencia médica, psicológica, social y jurídica. El centro tiene además una función preventiva: las colaboradoras dan talleres para la prevención de la violencia en escuelas y otras instancias públicas. Además imparten conferencias en seminarios. Hay algunas colaboradoras asalariadas pero la mayoría trabaja voluntariamente. En esos días Casa Amiga estaba situada en una pequeña y sencilla vivienda, pero había de todo: las mujeres que venían en busca de ayuda podían dejar a sus hijos en la guardería ubicada en el pasillo. Ahí también estaba la biblioteca con extensa información sobre todo lo relacionado con la violencia y su prevención.

El encuentro con Esther fue muy cordial. Exteriorizó su compasión con nosotros y nos dijo que quería acompañar adonde fuera necesario. Nos preguntó si teníamos un abogado en México, pues eso sería necesario si queríamos lograr algo. Conocimos a Adela, la abogada que podría defender nuestros intereses ante la justicia en Juárez. Casa Amiga pagaría los honorarios, porque, al igual que las mujeres de Juárez, éramos familiares de víctimas. Tanto ambos países pueden aprender una lección de esto, ya que en Holanda como en México el autor del crimen recibe ayuda judicial gratuita, y el familiar de la víctima tiene que arreglárselas como pueda.

Adela nos explicó cómo funciona el sistema judicial de México. Un sospechoso tiene que cumplir ciertas condiciones para ser considerado sospechoso. Una vez cumplida esa condición, se inicia el juicio a otro nivel. Había tres niveles, y el caso de Hester estaba ahora en el tercero. Ello significaba que ahora podíamos pedir la colaboración de la Interpol. Le dimos poderes a Adela para actuar en nuestro nombre y ella hizo una cita para un encuentro en el tribunal con el juez que dirigía la investigación del asesinato de Hester.

Por la tarde visitamos a los padres de una niña asesinada. Vivían en una colonia pobre. No había caminos asfaltados. De vez en cuando un arbusto. Rejas de esqueletos de colchones de cama y madera de desecho, alrededor de las casuchas, hacían las veces de vallas de protección, porque por la noche era muy peligroso y no había iluminación alguna.

Estos padres habían perdido a su hija en 1995. Nos abrazamos llorando. Era para nosotros significativo que gente en el otro lado del mundo, que tenía una vida totalmente distinta a la nuestra, conociera el mismo dolor y pudiera compartirlo inmediatamente.

En el momento de su muerte, su hija acababa de cumplir 15 años. En México las niñas son consideradas adultas antes que en Holanda. El decimoquinto cumpleaños se celebra con vestido de gala y una gran fiesta, porque marca la transición a la madurez. No es raro que a esa edad tengan su primer hijo. La Iglesia católica es omnipresente y opuesta al uso de cualquier preservativo. Esta niña acababa de casarse y tenía una hija de 28 días, que estaba enferma. Se fue al médico con su bebé y nunca volvió. Al cabo de 15 días el cuerpo de la madre fue encontrado pero la bebé había desaparecido. Los padres de la niña seguían con la esperanza de que algún día volverían a ver a la nieta.

Durante la investigación del asesinato de su hija, los padres fueron mandados de aquí para allá y de allá para acá. Durante los interrogatorios, amigos del sospechoso amenazaban a su hija más joven, que tenía cuatro años: "Ten cuidado, cuando seas mayor te encontraremos". La policía brillaba por su ausencia. Ahora esa hija pequeña cumpliría 15 años y la madre estaba muy contenta. No es que no corriera peligro pero al menos alcanzaría a cumplir 15 años. Dentro del horror todo era tan comprensible.

Estos padres habían sido relativamente adinerados, pero tuvieron que vender su casa y sus dos coches para pagar el abogado. Y no sirvió de nada. La casa en la que vivían ahora tenía el suelo de hormigón, pero las paredes y el techo eran de madera. Si llovía, también se mojaba dentro de la casa. Contra una de las paredes había una suerte de altar con fotografías de la familia y de la niña en su primera comunión. En la otra pared había un equipo de sonido. Además había una cama y unas sillas. Seis nietos corrían por toda la casa.

Les mostramos el libro de fotografías editado por Amnistía Internacional con las fotos hechas en el festival *Pinkpop*. Les pareció muy especial, sobre todo cuando descubrieron el retrato de su hija. Les impresionó que al otro lado del mundo se prestara atención a su problema. Les pedí su dirección de casa, para poder escribirles alguna vez, pero no tenían buzón. El correo simplemente no llegaba. Eran tan agradables y accesibles, realmente valoraron que los visitáramos y no tuvieron objeciones para aparecer en el reportaje. La despedida fue especialmente emotiva.

El día siguiente era domingo 19 de septiembre, el día en el que Hester había sido asesinada seis años atrás. Esther quiso llevarnos al hotel donde la mataron, pero antes visitamos un lugar de conmemoración para todas las mujeres asesinadas. Estaba situado entre autopistas y barrios de casas nuevas. Antiguamente en ese lugar se cultivaba algodón, que ahora era un terreno abandonado. En la tierra había ocho crucifijos de color rosa, los crucifijos de "los asesinatos del campo algodonero". En una zanja de ese terreno fueron encontrados, en 2001, los restos de ocho jóvenes mujeres, tiradas como basura. Es horrible pensar que esos cuerpos sencillamente pudieron ser arrojados ahí sin que nadie se diera cuenta, mientras que había viviendas a una distancia de 100 metros.

Los crucifijos se han convertido en el símbolo de todas las mujeres asesinadas, muchas de ellas mutiladas terriblemente. A veces había figuras grabadas en sus cuerpos, por ejemplo un triángulo en la espalda, o se descubrían cosas incluso más horrendas todavía, como un pezón mordido. Estas huellas se encontraron en varias víctimas y se decía que eran un indicio de algún rito de iniciación de bandas criminales, con toda seguridad del crimen organizado.

Pero los feminicidios también se relacionaban con la violencia doméstica: el machismo determina los deberes, las responsabilidades y el comportamiento de la mujer, especialmente en relación con los hombres. Las características más importantes de ese machismo son una agresividad exagerada, no querer ser menos que otros hombres, dominación, arrogancia, y un sentimiento de superioridad física y moral con respecto a la mujer, así como agresión sexual a la pareja. El machismo es tan arraigado en la cultura de América Latina, que en algunos juicios sobre la violencia doméstica, los hombres lo utilizan como argumento en su defensa.

El machismo tiene varios efectos en la sociedad. Contribuye a que se vea a la mujer como un objeto sexual y es la base de muchos prejuicios, para la violencia física y para la exclusión de la mujer de la vida pública. Otra consecuencia es que se mide con dos varas: las mujeres no tienen los mismos derechos que los hombres. Y en Juárez la combinación de la industria de la maquila, la enorme comunidad de migrantes con una estructura social inestable, sumada a las actividades ilegales junto a la frontera —entre otras el narcotráfico y la inherente violencia— son tierra fértil para el exceso más extremo del machismo: el feminicidio.

Para nuestro asombro el memorial de las mujeres estaba vigilado día y noche por la policía federal. Los dos policías no tuvieron ninguna objeción para que filmáramos e incluso estaban dispuestos a una breve entrevista, hasta que uno de los dos llamó a su superior y los hombres se retiraron rápidamente, porque dijeron que "las grabaciones podrían dificultar encontrar a los sospechosos". Nos sorprendió que los 300 agentes federales que habían sido enviados a Juárez después de la publicación del informe de Amnistía Internacional tuvieran que ocuparse de tareas como ésta. ¿Se trataba realmente de una prioridad? Colocamos las flores y las velas. Comenzó a soplar el viento y empezó a lloviznar. Increíble en esa zona desértica. A pesar de ello pudimos encender las velas y dejar los crucifijos en mejores condiciones.

Y de repente Hester estaba ahí presente. ¡Un enorme arbusto encima de un monte de despojos con una especie de girasoles en flor! Era difícil llegar hasta ahí, pero pudimos cortar todos los girasoles. No habría mejor manera de recordar a Hester en el hotel que con esos girasoles.

El viejo centro de Juárez es concurrido y tiene una atmósfera latinoamericana. Hay deterioro, pero también el ajetreo es agradable. Entendimos que una mujer joven con mochila se sintiera a gusto aquí. El centro es pequeño y está construido alrededor de una iglesia grande. En la plaza del templo hay puestos donde se venden estatuillas de santos, gafas de sol y dulces.

El hotel en cuestión estaba en una concurrida esquina de la calle principal y tenía un gran rótulo: Hotel Plaza. Un edificio de tres pisos. La entrada de mármol negro daba paso a una sala de recepción amplia y una escalera. La recepción también daba acceso al pequeño restaurante de los vecinos. Los pasillos eran limpios y ordenados. Todo parecía muy natural. El propietario nos dio la llave y dijo que podíamos preguntarle lo que quisiéramos.

El corazón me latía en la garganta; hacía días que no me había sentido tan aturdida. No pusimos atención a nada, sólo queríamos ver la habitación donde Hester había pasado las últimas horas de su vida. Roeland y yo subimos juntos.

En el segundo piso, al final de un largo pasillo, estaba la habitación número 121. Roeland abrió la puerta y nuevamente nos encontramos en un pasillo, muy estrecho pero de tres o cuatro metros de longitud, que terminaba en la habitación. De repente la situación me quedó clara: si Hester había entrado en este pasillo, seguida por el hombre, le había sido imposible escapar. ¡De ninguna manera! Estaba como en una madriguera.

La pequeña habitación era pobre, con grietas en el techo y en las paredes, con azulejos en el suelo. Había una cama, una mesita de noche, una cómoda con un televisor encima. Una puerta corrediza daba paso a un WC y una ducha de aspecto mugriento. Una ventana con media cortina daba a la pared del patio interior, donde el asesino había tirado las pertenencias de Hester.

La desolación y el estado deplorable del lugar me paralizaron. Pensé en Hester. ¿Qué había pasado ahí? ¿Qué había sentido? Con una certeza que llegaba a las náuseas sentí su pánico, quería salir, pero no podía. Él la tuvo presa, ella gritaba… ¡Hester sabía gritar muy fuerte! Pero ¿quién iba a escucharla aquí, en el segundo piso, al final del pasillo? Y si alguien la hubiera escuchado, ¿le habría extrañado? Tuvo que haber sentido esa tensión, ese temor, ese terrible temor ante lo incierto, con una vaga esperanza de que todo terminara bien, una esperanza que se desvanecía rápidamente. La golpeó sin piedad en la sien. Perdió el conocimiento y cayó…

Con cada célula de mi cuerpo espero que ésos hayan sido los últimos segundos de su vida consciente. Que nunca más haya recuperado la conciencia, tal como constataba el informe de la autopsia. Según ese informe, Hester no mostraba signos de estrés. Pero me es difícil detener este pensamiento: ¿Es correcto el informe? ¿Fue realmente así? Todos estos años me he aferrado a la veracidad de ese documento y me he dicho a mí misma: "básate en lo que te han dicho, ¡ya es terrible de por sí!" Pero la duda persiste.

En ese lugar inmensamente triste, Roeland y yo nos confortábamos el uno al otro y nos preguntábamos una y otra vez ¿por qué se había ido con él? Entendíamos que hubiera entrado en ese hotel, pero ¿qué argumentos había utilizado el asesino para convencerla de que fuera con él a esa habitación? Hester no fumaba ni consumía drogas, entonces ése no podía haber sido el motivo. Además lo confirmaba el informe de la autopsia: no había rastro de alcohol ni de drogas en su cuerpo. Sumidos en nuestras reflexiones, pusimos un pequeño altar para Hester en la mesita de noche. Colocamos un vaso con los girasoles y encendimos las velas, velas mexicanas en altos vasos con imágenes de santos. Le habría encantado a Hester.

Exhaustos bajamos a la recepción. ¡Cómo agotan la pena y las emociones! El dueño del hotel había tenido que ausentarse, pues uno de sus hijos tuvo que ser ingresado en el hospital. ¿Qué más podríamos haberle preguntado? Un empleado no pudo ofrecer ninguna información. Trabajaba desde hacía poco en el hotel, pero había escuchado de la recepcionista que el asesino, un tipo deportista que subía los peldaños de la escalera de dos en dos, había permanecido hospedado tres días. Hester había hablado 15 minutos con su verdugo; él estuvo de pie en la escalera, convenciéndola de que subiera. Ella tenía serias dudas y se aferró al mostrador de la recepción; a la recepcionista le había llamado la atención ese detalle. Finalmente la convenció. Según nuestra información, Hester había sido encontrada sólo con su mochila pequeña y su bolso de mano. Es decir que nunca había tenido la intención de quedarse en esa habitación. ¿Y dónde estaba su mochila grande? La policía no lo sabía. Era un detalle muy peculiar: una mochila grande llena de cosas personales, que pesa 15 kilos y que desaparece. No la habría dejado en la calle, así que debía estar en algún lugar. ¿En alguna caja fuerte? ¿O en otro hotel donde ella había reservado una habitación? Preguntas e incertidumbres con las que habíamos aprendido a vivir.

Era la tarde dramática que habíamos temido desde hacía meses, y aun así me sentí aliviada. La visita me había proporcionado las imágenes y certezas que yo buscaba. El hotel era, sobre todo en su aspecto exterior, un lugar donde nosotros también habríamos entrado en nuestras andanzas por el mundo. Y aunque ya lo sabía, la certeza era algo reconfortante. ¡Hester no era estúpida! Ver esa habitación me dio más tranquilidad y claridad. Entendí cómo habría entrado en pánico, por muy terrible que fuera todo.

Esther nos había acompañado toda la jornada y sentía que para nosotros era un día muy emotivo. Nos invitó a cenar en su casa. Era una perspectiva muy tranquilizadora después de haber estado en ese ambiente tan hostil. Esther tenía una casa muy agradable y acogedora. Las paredes estaban llenas de pinturas y retratos grandes y pequeños, modernos y antiguos, colocados con muy buen gusto. Su ama de casa, Paolita, tenía unos 80 años, y Esther acababa de cumplir 70. Nunca habíamos imaginado que fuera tan mayor. Paolita cuidaba de Esther, le cocinaba, era madre y amiga a la vez, su apoyo en todo. Cenamos deliciosamente: arroz con azafrán, pollo y pescado y una ensalada muy sabrosa. Tomamos un buen vaso de vino. A Esther le encantaba ver que gozábamos de la cena.

Pudimos llamar a Germán, Melisse y Lon, pero resultó ser la medianoche en Europa. Los desperté a todos y se alegraron de escuchar nuestras voces. Naturalmente ellos, que se habían quedado, estaban preocupados. Germán estaba en Italia y Melisse en Portugal. Ambos habían encendido velas en este día especial. Era reconfortante saber que en diferentes lugares del mundo encendían velas por Hester. Querían saber todo y nos preguntaban: ¿Cómo está la situación allá? ¿Es peligroso? ¿Hay peligro en cada esquina de la calle? Nosotros no pudimos darles mucha información en ese sentido. Naturalmente uno se cuidaba las espaldas cuando andaba por la calle, pero Esther parecía moverse totalmente relajada por la ciudad. Pero sí vimos señales obvias, como que por la noche la gente cerraba sus casas herméticamente y nuestro hotel, rodeado de una valla alta, era vigilado día y noche por guardias y las luces siempre estaban prendidas. Estaba contenta de no tener que volver al casco antiguo de la ciudad.

Al día siguiente, a las nueve de la mañana, teníamos nuestra próxima cita en el juzgado, situado al otro lado de la ciudad, cerca de la cárcel. Ahí, nosotros y nuestra abogada Adela hablaríamos con el juez encargado del caso Hester. En trataba de un edificio desvencijado trabajaba el juez Gustavo

Muñoz Gamboa. La guardia no permitió la entrada al equipo de televisión, pero unos minutos después el propio juez permitió el acceso. Muñoz Gamboa explicó extensamente en qué fase se encontraba el caso y cómo era el procedimiento judicial en México, aunque empezó y finalizó con la misma aseveración: no podía hacer nada de momento, ya que no se había detenido a ningún sospechoso.

El procedimiento judicial de México no era tan distinto al de Holanda. Ante todo había que tener un presunto autor del crimen. Si había suficientes indicios, la persona se convertía en sospechoso, y en tal caso se podía pedir asistencia a otros países a través de la Interpol. En noviembre de 2003, el presunto autor del asesinato de Hester había sido clasificado con el estatus de sospechoso y en 2004 era oficialmente sospechoso, a pesar de que desde 1998 no había nuevos indicios. Es decir, podría haber sido calificado de sospechoso seis años antes.

El juez nos dio los nombres de los policías que se habían ocupado de la investigación del asesinato y con quienes hablaríamos después. Nos informaron que el expediente de Hester consistía de 160 páginas; nunca nos habíamos imaginado que fuera tan extenso. Se hizo inmediatamente una copia para la abogada, página por página, un trabajo que duró al menos dos horas. Más tarde nosotros recogeríamos nuestro ejemplar.

El juez no quería que se filmara durante nuestra conversación, argumentando que "alguien en mi función tiene que mantenerse siempre alejado de las relaciones públicas". Pero cuando el equipo preguntó si podía tomar imágenes de él después de la conversación, accedió. Permitió que le hicieran una pregunta que él contestó exhaustivamente. Resultó que repitió toda la historia ante la cámara. ¿Y no hacía relaciones públicas?

Posteriormente fuimos con Esther a la comisaría, uno de los edificios más grandes de la ciudad y fuertemente vigilado. Entramos en la oficina de una persona que claramente tenía un alto rango. Dijo que empezáramos a preguntar, pero a nuestra primera pregunta sobre por qué habían pasado cinco años para que se emitiera una orden de búsqueda y captura contra el asesino de Hester, dijo que eso era asunto de Manuel Esparza, el policía que había encontrado a Hester el día de su muerte.

Estábamos en la comisaría y nos llevaron a otra oficina donde el policía nos contó que había hecho todo lo posible para resolver el caso, porque él había encontrado a Hester, pero desgraciadamente lo trasladaron y fue hasta 2002 cuando volvió a su antiguo puesto. Desde entonces había tomado nuevamente el caso de Hester, por lo que no pudo respondernos. Nuestra siguiente pregunta fue por qué el sospechoso no había sido arrestado antes, ya que conocían su nombre, su paradero, tenían un retrato hablado de él e incluso la matrícula de su coche, después de que en diciembre de 1998 se hubiera cometido otro asesinato por un sospechoso que con toda seguridad era el asesino de Hester.

Desgraciadamente, la información que habíamos obtenido de este mismo policía se fundamentaba, según él mismo, en suposiciones no comprobadas, y por ende no tenía ningún valor. Por cierto, el policía contemplaba la información como si la viera por primera vez. Sí nos dio la información correcta sobre la causa de muerte de Hester, acerca de la cual habían surgido dudas después de la publicación del informe anual de Amnistía Internacional. De cualquier forma tenía una actitud muy empática y accesible y nos inspiró la confianza que buscábamos.

En esos momentos lo que más quiere uno es creerle a la gente con quien habla. Sólo mucho más tarde se nos ocurrieron muchas otras preguntas: ¿Quién se había encargado de la investigación después del traslado de este policía? Durante la conversación no fuimos capaces de formular ese tipo de cuestionamientos, pues estábamos demasiado impresionados por los acontecimientos y las emociones. Una colega de Manuel Esparza que también se ocupaba del caso de Hester, la policía Ángela Talavera, había estado presente durante la conversación, sin mediar palabra. Mejor, porque tenía un aspecto frío e insensible.

Cuando volvimos a la oficina del superior, nos preguntó si queríamos saber algo más, pero no se nos ocurrió nada y le dimos las gracias. Esther le dijo sutilmente que por enésima vez había escuchado la misma historia: los hombres habían trabajado fuerte, tenían buena voluntad, pero desgraciadamente no se había resuelto nada, al igual que en todos los demás casos ocurridos en los últimos 10 años. Finalizó diciéndole que todo era muy desalentador.

Llegamos a la conclusión de que después de esta visita teníamos más preguntas que antes.

En la noche nos encontramos con Óscar Máynez, el ex policía que había dirigido la investigación forense, pero que renunció a su puesto cuando sus superiores lo obligaron a hacer declaraciones totalmente incorrectas sobre "los asesinatos del campo algodonero". Según dichas declaraciones, todos los asesinatos habrían sido cometidos por dos conductores de autobús y se habrían perpetrado en el mismo instante.

Sin embargo, Óscar Máynez pudo demostrar que algunos asesinatos habían sido cometidos mucho antes que otros. Las pruebas de ADN daban además un resultado muy distinto. Los dos sospechosos habían confesado los crímenes, pero las confesiones fueron obtenidas mediante tortura. Máynez ya no tenía ganas de seguirles la corriente a sus superiores y se convirtió en profesor de escuela. No pudo hablar del caso Hester de primera mano, pero conocía al policía con quien habíamos hablado en la comisaría. Máynez dijo que desde hacía mucho tiempo ese policía estaba totalmente bajo la influencia de sus superiores y que no se oponía a prácticas como la tortura para conseguir confesiones.

Por cierto, en aquella época la policía le había pedido a Óscar Máynez que volviera al cuerpo de policía y ayudara en la investigación amplia que se estaba haciendo en cooperación con la policía federal. Y estaba considerando seriamente aceptar la invitación para mejorar la organización desde dentro.

Entretanto casi se nos había terminado la semana. Era martes y fuimos a recoger el expediente de Hester al juzgado. Luego teníamos una cita con María López Urbina, fiscal especial del estado de Chihuahua. Ella había sido nombrada en el cargo a principios de 2004 y era responsable de la investigación de los feminicidios en Chihuahua, la asistencia a las víctimas y el enjuiciamiento de los autores.

El Palacio de Justicia era también un edificio imponente con una entrada alta y mucha vigilancia, pero por alguna razón inexplicable a nosotros nos obligaron a entrar por la puerta de atrás. Revisaron todo, con excepción de mi bolso de mano. El equipo de televisión tenía que esperar en el pasillo. Gaby podía acompañarnos como intérprete. Era gracioso que nadie se diera cuenta de que nosotros todavía llevábamos nuestros micrófonos, de manera que Miranda y Sonja podían escuchar y grabar toda la conversación.

López Urbina era una mujer baja y rellenita, llevaba un traje de color rosa. Nos explicaba exhaustivamente cuál era su función en esta nueva organización que normalmente sólo se concentraba en la capital del estado de Chihuahua, pero debido a la gravedad de la situación se ocupaba ahora también de Juárez. Al igual que la policía, López Urbina trabajaba "muy fuerte". Podría llamarla cada día desde Holanda, porque —así lo decía— la mayoría de los días no se iba a casa antes de la medianoche. El expediente de

Hester estaba en su escritorio y tenía aspecto de ser utilizado, lo cual le daba credibilidad. A pesar de sus buenas intenciones, no nos inspiraba mucha confianza y no tenía nada nuevo que contar.

Como si fuera un secreto, López Urbina bajó la voz para contarnos que había repartido a 160 países, mediante la Interpol, el retrato hablado del presunto homicida. Nos dijo que no habláramos con nadie del tema, ni mucho menos con la prensa, porque si los medios se enteraban, aparecería en todos los diarios, y se perdería la posibilidad de detenerlo. El sospechoso cambiaría de aspecto o incluso se sometería a cirugía plástica. Le dijimos que no entendíamos por qué habían esperado hasta 2004 para la difusión del retrato, que distaba mucho de ser actual. Yo me preguntaba si su relato era verídico. A fin de cuentas, tuvimos la impresión de que aquel había sido un encuentro totalmente inútil.

Por la tarde efectuamos una visita a la madre de otra niña asesinada. Ella vivía en el barrio de Anapra, una de las villas miseria gigantes junto a la frontera con El Paso. Las casas estaban construidas con madera, cartón y láminas, de lo más pobre. Para nuestra gran sorpresa, la policía de aspecto frío, Ángela Telafera, acababa de salir de la choza. Pasaba a verlos a menudo, porque esta gente vivía tan lejos que era difícil ir a la comisaría. La madre contó que Ángela por desgracia siempre hacía las mismas preguntas que no tenían ningún sentido.

Luego empezó a contar su triste historia: su hija había desaparecido a las tres de la tarde, en pleno día, después de su trabajo en la maquiladora, cuando estaba en camino del autobús a la casa. La encontraron muerta dos semanas después.

Las paredes de la sala estaban llenas de grandes retratos de la hija y de los otros hijos, en su matrimonio y en otros momentos importantes de su vida. Hacía tanto calor en la casita que salimos pronto. Nos dieron grandes vasos de agua con hielo. Esta gente también estaba impresionada con el libro de fotografías de *Pinkpop*. Arrancamos algunas fotos de mujeres que ellos conocían.

El día siguiente sería el último del viaje. El equipo de *Netwerk* nos invitó a una cena junto con Esther y Gaby. Nos llamó la atención lo fácil que había sido compartir la vida una semana con estas personas. Ellos tenían la misma sensación. Por la mañana nos encontrábamos en el desayuno en el hotel y estábamos juntos hasta la noche, y terminábamos cada día tomando algo en el jardín del hotel. Todo había salido perfecto, visto desde el ángulo de la solidaridad humana.

El último día estaba destinado a montar el programa para la emisión. Empezaríamos con una entrevista final. Nos costó una hora encontrar un lugar adecuado: un deshuesadero en las afueras de la ciudad, con una vista perfecta a las numerosas casas bajas. Nos habíamos acostumbrado totalmente a la cámara y al hecho de que a Sonja y Miranda les gustaba tener mucho material para elegir. La duración total de las grabaciones sería de 36 horas; se utilizarían 25 minutos.

Por la tarde cruzamos la frontera con Esther para ir a El Paso, donde hablaríamos con el FBI. El equipo de *Netwerk* no fue, panes querían hacer más tomas de Ciudad Juárez.

En Juárez, familiares de las víctimas habían pintado crucifijos negros sobre un fondo de color rosa en todos los postes de teléfono y de electricidad en las grandes carreteras, para que todo el mundo estuviera consciente de la injusticia que reinaba en el lugar. En el camino a El Paso nos encontramos con esos crucifijos. A lo largo de la frontera, formada por un río estrecho con agua turbia, había rejas con alambre de púas y focos muy potentes con los que nadie podría pasar inadvertido. El cruce de la frontera era un puente ancho, cubierto de tela metálica. Era el Paso del Norte; imposible saltar. Multitud de gente cruzaba a pie de un lado al otro de la frontera, entre cuatro o cinco filas de coches.

Al comienzo del puente había un enorme crucifijo de madera, negro, sobre un fondo de color rosa, igual que los otros. En el crucifijo había enormes clavos, y de algunos colgaban tarjetas. Esther nos explicó que cada clavo representaba una mujer asesinada y, al cabo de un rato, encontré efectivamente una tarjeta con el nombre de Hester van Nierop. En un momento como éste, uno siente que la energía abandona su cuerpo.

Continuamos el camino, sintiéndonos completamente vacíos. En El Paso nos encontramos con Víctor Muñoz, un amigo de Esther y también un férreo defensor de los derechos humanos. Nos presentó a uno de los jefes del FBI,

Kent Switzer. Su edificio estaba extremadamente vigilado; El Paso es una de las cinco ciudades más seguras de Estados Unidos.

Nuevamente contamos todo lo que le pasó a Hester y en seguida la historia policial. Muñoz quería hacer una copia del expediente y contempló el retrato hablado. Le llamó la atención algo que nosotros ni siquiera habíamos visto: el dibujo llevaba una fecha del 2000, mientras que Hester fue asesinada en 1998. Y por una anotación debajo del retrato, se comprobó que los testigos eran empleados de otro hotel, el Koper, y no del Plaza, donde Hester había sido asesinada. ¡Eran hechos sorprendentes! ¿Estábamos mirando el dibujo correcto? ¡Qué estúpido que no lo hubiésemos visto mejor durante la visita a la fiscal! Podríamos haber hecho muchas más preguntas. Muñoz dijo que le gustaría publicar el dibujo, si era el correcto, y un fragmento del reportaje en el programa *Most Wanted*, uno de los de mayor audiencia en Estados Unidos. En el pasado había obtenido buenos resultados con ese programa.

Volvimos a Ciudad Juárez. Esther había arreglado una cita con un periodista del diario *El Norte*, que al principio de la semana había estado frente al juzgado.

—En realidad —dijo Esther—, podemos invitarlos a todos y hacemos una conferencia de prensa. No vendrán muchos, porque ya son las seis.

Pero al final sí acudieron muchos: al menos 23 equipos de televisión. ¡Flashes continuos y nosotros dando una conferencia de prensa en español, como si fuera lo más normal del mundo!

Esos días, en internet, siete diarios mexicanos publicaron un artículo sobre Hester y la mayoría de los artículos reflejaban nuestra decepción sobre la actuación de las autoridades; al menos eso había quedado claro. Pero esto de la prensa también tenía su costado trágico, pues dejaba ver que nosotros como extranjeros sí lográbamos atención de los medios y de las autoridades, mientras que los familiares mexicanos que lucharon más todavía eran despachados con falsas promesas. Era obvio que viniendo de fuera pudimos ejercer más presión.

Miranda y Sonja lamentaron mucho haberse perdido la presencia de toda esa prensa. En la noche, de camino hacia el aeropuerto de El Paso, hablamos con algunos defensores de derechos humanos de Estados Unidos. Me entregaron una obra de arte: un vestido pintado con una cara de lágrimas, que llenaban un mar de tristeza. Era muy especial sentir que también aquí había gente que compartía nuestro dolor.

Entre ellos estaba la periodista Diana Washington Valdez, quien nos contó que estaba escribiendo un libro sobre los asesinatos. Ella nos explicó que algunos testigos habían visto a Hester con su asesino en el bar Norma en el centro de Juárez. Lástima que no lo supimos antes, porque nos hubiera gustado visitar ese lugar. Diana nos dio el diario con el artículo en el que se mencionaba ese detalle. Sin embargo, la periodista se mostró algo distante.

Esa última noche sentimos el cansancio. Había sido una semana muy intensa, en la que lloramos mucho. El dolor se intensificó porque sentimos que Hester había estado muy cerca y muy intensamente. Pero ninguno de los dos lamentó haber ido, sobre todo porque ahora sabíamos cómo era el hotel y la ciudad donde Hester fue asesinada. Habíamos aprendido algo sobre la sociedad de Ciudad Juárez, más de lo que mi hija pudo saber en las últimas horas de su vida. Sin embargo, nuestra confianza en la policía y la justicia no había crecido precisamente.

Los encuentros con las otras madres nos impresionaron y cambiaron nuestra idea sobre su situación. Siempre me había imaginado que encontrarían apoyo mutuo, que de alguna manera estarían organizadas como en Holanda. Pero la realidad era muy distinta.

Durante nuestra visita habíamos querido darles fuerza a las madres ejerciendo presión sobre las instancias, pues para nosotros ya no se trataba solamente del caso de nuestra Hester. Habíamos hablado con muchos funcionarios de alto rango, habría que ver si serviría de algo. No había sido nuestro objetivo obtener una mejor imagen del asesino. Antes del viaje ya teníamos poca esperanza de ello, ¡y así al menos nos ahorramos una decepción!

Capítulo 11

UNA DE MUCHAS

Abrumados por todas las impresiones emprendimos el viaje de regreso a Holanda. Era maravilloso volver a ver a los chicos, porque, aunque no todo hubiera ido bien, había sido un viaje emocionante y lleno de tensión. Germán y Melisse querían conocer cada uno de los detalles de nuestras vivencias. Había mucho que contar y teníamos que procesar muchas impresiones, lo que nos costó como 15 días.

Había cambiado totalmente nuestra idea sobre Ciudad Juárez. De una pequeña y fea ciudad en el desierto se había convertido en una ciudad millonaria, confusa, junto a la frontera. Las madres que vivían en las colonias pobres y las mujeres que viajaban en autobús a las fábricas. Si me concentraba podía escuchar los motores y los claxonazos de los autobuses en la noche. Y no solamente acudían los sonidos a la mente.

Estando de nuevo en mi casa, sentí lo que debe de sentir una madre que pierde a su hija, viviendo en esa extrema pobreza, sin ninguna ayuda, sin perspectiva y preocupada por los demás hijos. El dolor que yo había experimentado por la muerte de Hester era terrible, pero sabía que en Holanda podía caminar segura de un lado a otro de la ciudad a cualquier hora del día. Y todo el mundo reconocía mi sufrimiento. Nadie me decía que seguramente mi hija había provocado lo ocurrido, tal como decían públicamente las autoridades de Juárez. "¿Y qué hacía tu hija tan tarde en la calle?" La respuesta era sencilla: había trabajado el turno de noche. "Algo habrá hecho. ¿Iba vestida decentemente?" Insinuaciones gratuitas, pero que me impresionaron mucho porque no podía entender cómo había gente que convertía en culpable a la víctima. Con cada mujer que veía en la calle retumbaban en mi cabeza las voces de la autoridad mexicana: tú puedes ser violada, maltratada y asesinada, tienes demasiado escote, tu camisa está corta, se ve gran parte de tu barriga. Me costó un año poder ver ciertas vestimentas como "normales".

Empecé a leer todo tipo de información que me habían dado en Ciudad Juárez, entre otras cosas el material de la periodista Diana Washington, quien había investigado muchas facetas, como la negligencia de la policía, que no estaba interesada en una investigación a fondo y prefería inculpar a las víctimas. A ella también le había llamado la atención que nunca se tomaba en serio a los familiares de las ultimadas.

A una de las madres que buscaba a su hija la despacharon dándole una caja con huesos que de ninguna manera podían ser los restos mortales de su hija. La niña había desaparecido hacía menos de dos meses y los huesos que le dieron a la pobre madre eran restos mortales de alguien que murió hacía muchos años. Era un hecho terrible pero los restos mortales de su hija nunca podrían haber estado tan limpios. ¡Qué historia más terrible! ¡Y qué terrible que una madre tuviera que verse sometida a tamaño escarnio!

Y no basta con intimidar a los familiares de las víctimas. Los testigos también son amenazados, les advierten que los tienen en la mira. Y los pocos grupos de activistas que defienden los derechos de la mujer han sido intimidados con regularidad por la policía y las autoridades. En 1994 el entonces policía Óscar Máynez ya había alertado a sus superiores. Estaba convencido de tener suficientes pruebas para demostrar que había varios asesinos en serie y no sólo ese hombre que ya habían detenido, pero cada vez se hacía caso omiso de sus denuncias. En la masacre de las ocho mujeres del campo algodonero, sus superiores le dieron orden de colocar evidencia en los autobuses de los choferes, para que se les pudiera inculpar y el caso estuviera "solucionado". Para Máynez fue la gota que derramó el vaso: prefirió cambiar de profesión.

Desde el momento en que asumieron el caso, los abogados de los conductores recibieron amenazas de muerte, y uno de ellos murió en un "accidente", atropellado por una patrulla. Testigos oculares confirmaron que se trataba de un auto de la policía; menos mal, porque en el momento preciso del accidente, las cámaras de vigilancia habían fallado casualmente. ¡Una historia casi demasiado increíble para ser verdad! Uno de los conductores de autobús murió en prisión.

Esta crítica llegaba ahora también desde Estados Unidos: Diana Washington, mitad mexicana, trabajaba y vivía en El Paso.

Y las autoridades federales, ¿qué hacían? Debido a la publicidad de Amnistía Internacional, la violencia en el estado de Chihuahua ya no podía considerarse un problema local, por eso el presidente Vicente Fox envió 300 policías federales a Juárez. Todo el mundo sentía alivio. Al principio todo fue bien: el fiscal del gobierno federal anunció que todo parecía indicar que unos hijos de familias adineradas y poderosas estuvieron involucrados en los asesinatos de Juárez. El fiscal anunció una investigación exhaustiva, para la que pidió ayuda al FBI. Además se mostró sorprendido de que eso no se hubiese hecho mucho antes. Desgraciadamente, el fiscal fue trasladado pocas semanas después a otro estado, donde no le era permitido comentar el caso de Juárez.

Las autoridades sí reconocieron que seis personas pertenecientes a las altas esferas de la sociedad y a la red de narcotráfico asentada en El Paso, Juárez y Tijuana organizaban orgías. Para ello daban orden de secuestrar a chicas, que hacían matar después de abusarlas. Las personas sospechosas también estarían involucradas en una serie de negocios siniestros y servían de enlace entre los barones de la droga y los políticos, incluso del entorno del entonces presidente. Cuando esta información fue enviada a la Ciudad de México, la respuesta fue fríamente administrativa: "Nosotros solamente mantenemos el orden judicial federal, Juárez cae bajo el estado de Chihuahua y el propio estado es responsable del orden judicial local".

Finalmente, como consecuencia de la conmoción causada por el informe de Amnistía Internacional, el presidente Fox pidió la ayuda del FBI. Esa organización efectivamente había investigado 60 asesinatos, pero las conclusiones no concordaban con la posición oficial en Juárez y las autoridades de Chihuahua rechazaron dichas conclusiones. Y una vez más no se hizo nada con el resultado de la investigación. Peor aún, cuando la mexicana Lilian Herrera asumió el cargo de fiscal de Juárez, no encontró ningún rastro de los informes del FBI. Herrera prometió una investigación a fondo y envió más de 30 casos de asesinato a la policía federal para su investigación, pero al cabo de unos meses constató que no se había hecho nada. Entretanto aumentaron los rumores de que las personas que debían ser enjuiciadas estaban protegidas por la policía.

Con todo este sabotaje, poco pudo hacer el FBI. Sin embargo, yo opino que, considerando el pasado, Estados Unidos tiene parte de la responsabilidad; a fin de cuentas la industria de las maquiladoras fue desarrollada para crear mano de obra para los trabajadores mexicanos que durante la Segunda Guerra Mundial habían trabajado en Estados Unidos. Además de ello, Estados Unidos y también Europa se beneficiaban enormemente de esta industria, por lo que no sería mala idea que colaboraran para ayudar a encontrar una solución al problema. Estados Unidos "mostró su buena disposición, pero México no colaboraba".

Varios expertos llegaron a la conclusión de que en Juárez había corrupción a nivel oficial. Uno de ellos es el criminólogo Oscar Defassioux de la Ciudad de México. Las autoridades de Chihuahua lo invitaron para investigar la situación, pero el aparato policial hizo todo para obstaculizar su trabajo. Sólo pudo llegar a la conclusión de que la policía mantenía estrechas relaciones con los asesinos.

La fiscal Lilian Herrera también fue trasladada. Ángela Talavera, la policía impasible que conocimos durante nuestra visita a Juárez, se convirtió en fiscal. Cada vez quedaba más claro que a las autoridades les faltaba la voluntad, la capacidad, el profesionalismo y la disposición para actuar con mano dura contra los asesinos. Qué pensamiento más horrible que esto pueda ocurrir en una ciudad millonaria. ¿Cómo era posible?

Amnistía Internacional seguía dándoles difusión a los asesinatos en Juárez. El 10 de diciembre de 2004, el Día Internacional de los Derechos Humanos, se organizó en Ámsterdam un desayuno para 200 mujeres conocidas en Holanda. Diez mujeres del mundo entero contaron su historia: de Kosovo, del Congo, de las Filipinas, de Darfur, de Turquía. Yo conté sobre el feminicidio en México. De las diez historias, cada una de las 200 mujeres eligió una para contarla en público. Había las que la leyeron a los pasajeros en el tren o en el tranvía, otras la leyeron en librerías. Entretanto el informe anual de Amnistía Internacional tuvo repercusiones: inmediatamente después de su publicación, una delegación de las Naciones Unidas y de Estados Unidos viajó a México para conocer más detalles. Nos informaron que 49 asesinatos serían investigados nuevamente, entre ellos el caso de Hester. Quedamos a la espera. Yo tenía mis serias dudas de que la policía y la justicia mexicanas fuesen capaces de actuar con decisión. Había tantos intereses en juego y en esa zona fronteriza la violencia estaba muy arraigada en la sociedad.

A raíz de una entrevista conmigo, la revista *Proceso* informó que en 1998 una ciudadana europea, la holandesa Hester van Nierop, había sido asesinada en Juárez y que las autoridades locales habían intentado ocultar el crimen, para evitar que los demás feminicidios de Juárez se conocieran fuera de México. Pero agrupaciones como Casa Amiga recibieron cada vez más ayuda del exterior y ya no se podía detener la difusión de los feminicidios. Finalmente los abusos de Juárez se conocieron a nivel internacional.

Cuando absorbí toda esta información de fondo, llegué al convencimiento de que yo debería hacer algo por las mujeres de Juárez. Después de este viaje, quedarse sin hacer nada era imposible. Todo indicaba que la situación no iba a cambiar, el problema no se combatía seriamente. Yo no tenía la ilusión de poder cambiar la mentalidad de las autoridades mexicanas, pero sí podía difundir en Europa la impunidad en México.

También estábamos conscientes de los graves problemas con los que se enfrentaba Esther cada día en la fundación

Casa Amiga. Ella quería ayudar a las mujeres a recuperar su autoestima y fortalecer su dignidad. Además de ello, Esther enseñó a las mujeres, y a los hombres que atendían los talleres, a mantener su autoestima en la vida diaria. Esto podría ser el comienzo de una nueva generación fortalecida ética y moralmente. Y si yo, de alguna manera, pudiera ayudar financieramente a Esther, la apoyaría en esa labor. Me daba cuenta de que para mí sería más fácil hablar en Holanda sobre la injusticia para con estas mujeres, que para ellas en México, y ni hablar en Chihuahua.

Capítulo 12

FUNDACIÓN HESTER

Así nació la idea y sabíamos con certeza que ésa era la buena causa por la que lucharíamos.

Queríamos recaudar dinero para enviárselo a Esther Chávez Cano y así lograr que Casa Amiga tuviera más alcance en sus propósitos. Pero en aquel entonces no teníamos ni idea de cómo recaudar fondos para una actividad de esa envergadura. Sin darme cuenta, de pronto me encontraba inmersa en un embrollo administrativo. A Roeland le parecían muy bien mis planes y había decidido apoyarme desde el principio, pero quería hacerlo tras bambalinas.

En cuanto a la estructura administrativa, una fundación parecía ser la mejor opción, pero para ello hacía falta un consejo de dirección y personas para formarlo. Había leído que incluir a familiares no era una buena opción, así que tuve que buscar entre amigos y conocidos a personas con experiencia y dispuestos a brindar su tiempo y energía para iniciar formalmente la fundación.

Por suerte pude reunir a cuatro amigos muy capacitados y con mucha experiencia: uno había trabajado como inspector general del Departamento de Educación, luego en el Departamento de Tráfico y también en el Departamento de Agua, y en ese entonces se encontraba trabajando para el Consejo de Investigaciones en el Departamento de Seguridad; una amiga era directora del Centro Cultural en la ciudad de Hoofddorp; otra conocida era directora del Museo de los Trópicos en Ámsterdam, y el cuarto integrante trabajaba como geólogo en una compañía internacional. Además teníamos que establecer los estatutos de la fundación para que fueran aprobados. Con la ayuda de un notario establecimos los estatutos. Cumplidos esos trámites pudimos inscribir la fundación en la Cámara de Comercio.

A mediados de diciembre de 2004 se reunió por primera vez el Consejo de Dirección de la fundación. Nos preguntamos quién podría formar parte del Consejo Asesor. La periodista Marjon van Royen se mostró inmediatamente dispuesta a ayudarnos. Lo mismo hicieron Wim Deetman, el entonces alcalde de La Haya, y Gerdi Verbeet, parlamentaria holandesa.

Roeland, Melisse y Germán mostraron mucho entusiasmo ante el proyecto. El que toda la familia se mostrara tan positiva sobre la fundación me dio fuerzas, y sentía que podría lograrlo todo.

Necesitábamos hacer un folleto informativo sobre la organización, así como un logotipo y una página web. Lo solucioné de manera creativa. Melisse se encargó de la página web y con Germán empecé a pensar en propuestas para la creación del logotipo.

—¿Tienes alguna idea en mente, mamá? —me preguntó Germán.

—No, en realidad, no —le contesté.

—Quizá una flor: un girasol, que tanto le gustaba a Hester —propuso Germán.

—No. Eso no me convence —le contesté.

—¿Qué te parece una rosa? —reaccionó.

—Una rosa es demasiado refinada para Hester —contesté—. Pero, ¡quizá una amapola! Una amapola es como Hester: transparente, presente y maravillosa. ¡Una flor que se contenta con terrenos pobres y resulta a la vez tan frágil en su belleza! —sí. Me convencí.

No pudimos haber encontrado una solución más bonita para el logotipo. Lo único que faltaba era la imagen de una amapola. En una página de internet encontré una acuarela de Harry Compier, un pintor holandés.

En la invitación que enviamos para la inauguración de la fundación reprodujimos la amapola, pero para el logo necesitábamos una imagen más hermosa de la flor. Le dije a Compier lo hermosa que me parecía su amapola y mi impresión sobre la fuerza que tenía, tan similar a la que tenía Hester y lo mucho que me encantaría usarla como logotipo para la fundación. Le pregunté si estaría dispuesto a patrocinar la imagen de su amapola para Hester. Dijo que lo pensaría y finalmente dio su aprobación.

El 4 de febrero de 2005 inauguramos oficialmente la Fundación Hester. Poco a poco llegaban nuestros invitados: amigos y colegas, amigos de Hester, de Germán y de Melisse; Wouter te Kloeze, el experto en temas de México de Amnistía Internacional, el periodista y la camarógrafa del programa *Netwerk*, ¡e incluso una representante de la embajada mexicana!

Les compartí nuestro deseo de ayudar a Esther Chávez Cano en su lucha por la demanda de justicia para las mujeres de Juárez. Leí al público un correo electrónico de Esther en el que me deseaba fuerza para la fundación y, sobre todo, se mostraba conmovida por el hecho de que hubiéramos abierto nuestro corazón y habláramos sobre nuestra infinita tristeza; a nombre de todas las madres Esther manifestaba su inmenso agradecimiento por la ayuda que queríamos brindarles. Luego leí un fragmento del libro *Mexico: de nacht van de schreeuw* (*México: la noche del grito*), de Marjon van Royen, en el que, de forma muy conmovedora, describe la situación en Juárez y pone en evidencia a la policía mexicana, que no inicia casi ninguna investigación.

Afirma que en algunos países de Latinoamérica la policía está para proteger a los ricos, algo que en Holanda nunca nos habíamos imaginado, pero de donde se desprende la actitud y el comportamiento de la policía mexicana. A continuación Wouter te Kloeze, de Amnistía Internacional, habló sobre los hechos de violencia y las cifras de las muertes en Juárez.

A los asistentes les planteamos la posibilidad de donar una cantidad mensual o anual, o de depositar sólo una vez la cantidad de dinero que desearan. De cualquier manera, serían amigos de Hester. ¡Y vaya que hizo muchos amigos esa noche!

Para concluir, Wieb leyó un poema particularmente adecuado para la ocasión:

> Porque la realidad verdadera no es la verdad sino el error vencido. Y la verdadera realidad no es la realidad sino la ilusión vencida. Y la pureza real no es la pureza original sino la impureza despojada. Y el bien verdadero no es el bien original sino el mal vencido.

Con mucho orgullo recuerdo esa velada y mis suspiros de alivio y satisfacción por tantas palabras de aliento y felicitaciones recibidas. Toda la tensión que tenía se esfumó y me sentí muy contenta con este nuevo comienzo. ¡Mi Hester, si tan sólo lo supieras!

Ayudar a mejorar la situación de las mujeres en Juárez me permitió transformar el dolor y la tristeza sobre la muerte de Hester en algo positivo. Al menos podía tener la sensación de que la muerte de Hester no había sido totalmente en vano. La Fundación Hester había delineado claramente sus puntos de acción, así que durante los primeros meses trabajamos en actividades prácticas y administrativas. Desde Holanda teníamos que recaudar fondos para apoyar a las víctimas de la violencia que atendía Casa Amiga. El objetivo central era acompañarlas a recuperar la confianza en sí mismas, su amor propio y aportarles datos para comprender mejor los mecanismos de la violencia.

Durante los primeros meses nos aseguramos de que los donantes y amigos de la fundación conocieran nuestros objetivos y los orientamos sobre las formas más fáciles de ayudarnos y efectuar sus donaciones.

Le preguntamos a Esther qué hacía falta en Casa Amiga y ella respondió que la prioridad era la ayuda psicológica, lo cual se encontraba dentro de nuestros objetivos. En octubre nos envió la petición oficial y con lo que ya habíamos logrado recaudar pudimos cubrir el salario anual de un psicólogo para Casa Amiga y teníamos un año de reservas. Lo único que solicitamos a cambio fueron informes trimestrales sobre los avances del proyecto.

Le envié una extensa carta al embajador holandés en la Ciudad de México sobre el inicio de la fundación y nuestra idea de apoyar a Esther Chávez Cano. Su respuesta fue muy positiva y llena de elogios sobre el trabajo de Esther ante el aumento de los asesinatos de mujeres en Juárez.

Sostuve mi primera charla sobre la Fundación Hester en el Club de Rotarios para conseguir apoyo de gente que podría estar interesada en la causa. El apoyo de amigos, familiares y conocidos a través de actividades organizadas por iniciativa propia se hacía cada vez más presente. Mi hermana Lon organizó un concierto en su casa y muchos amigos y familiares organizaron fiestas de cumpleaños dedicadas a recaudar fondos para la Fundación Hester.

En México, la existencia de la fundación tampoco pasó desapercibida. Un artículo en el que Esther puso al tanto a los lectores sobre nuestros objetivos fue publicado en una renombrada revista de opinión.

Con el fin de saber más cómo realizar acciones concretas, pedimos asesoría a los expertos de Amnistía Internacional, y pronto tuvimos una lista con puntos de acción.

En el marco del Festival de Cine Latinoamericano en Utrecht participé dando mi comentario sobre una película de Juárez presentada por Amnistía Internacional. La periodista Marjon van Royen, quien apoyaba a la fundación, quiso compartir su experiencia sobre lo que había vivido en Juárez. Ella había hablado con Zuly Ponce, la entonces fiscal de homicidios de mujeres en Ciudad Juárez, cuando Hester fue asesinada. La periodista estaba convencida de que a la funcionaria le interesaba más el color rojo de su barniz de uñas que su desempeño como fiscal. Habíamos leído en la edición de marzo del periódico *NRC* que un juez había presentado una orden de detención en su contra por negligencia en las investigaciones. Ella objetó estas acusaciones señalando que sólo había obedecido las órdenes de sus superiores y que la oficina tenía una constante falta de personal.

Cabe señalar que, luego de dejar el cargo, 40% de los policías de Juárez fueron puestos en evidencia por negligencia y abuso de poder. El policía que había encontrado a Hester sin vida fue culpado por prácticas de tortura, pero, en su caso, ser puesto en evidencia significaba que sencillamente podía continuar con su trabajo. Se arrestó a sospechosos pero había grandes dudas sobre su verdadera culpabilidad, ya que a menudo sus confesiones habían sido obtenidas mediante tortura y así las autoridades podían declarar que habían "resuelto" otro caso.

Entretanto aumentaba el interés por la Fundación Hester. Me reuní con Pablo Gámez, de Radio Nederland Wereldomroep. Él había estudiado en detalle la problemática sufrida por las mujeres en Ciudad Juárez, y por ello decidió visitar esa ciudad. Regresó conmocionado a Holanda luego de haber visto a la policía investigando la muerte de una joven prostituta de apenas 18 años. La policía constató que la joven había consumido drogas y por ello decidió suspender la investigación: esta mujer ya era un caso perdido y se había buscado su propia suerte. Ni una palabra más, caso resuelto.

Esa actitud despectiva de la policía, aunada a la imperante impunidad y la forma en la que las maquiladoras operaban utilizando mano de obra femenina —situaciones que Pablo Gámez había visto personalmente— abrieron las puertas para que la emisora Radio Nederland, con Oxfam Novib y Amnistía Internacional, organizara un seminario internacional sobre los feminicidios y la intolerable situación en Juárez. La campaña para dar publicidad al seminario empezaría el día del asesinato de Hester. Radio Nederland invitó a Esther Chávez Cano por considerar a Casa Amiga un proyecto muy positivo que a la vez contaba con el respaldo de la Fundación Hester.

En el seminario participaron las siguientes personas:

- En nombre de las autoridades holandesas: Kathleen Ferrier, parlamentaria holandesa del Partido Demócrata Cristiano, y Gerdi Verbeet, parlamentaria socialista del PvdA.
- En nombre de las autoridades mexicanas: Guadalupe Morfín, presidenta de la Comisión para Prevenir y Erradicar la Violencia contra las Mujeres en Ciudad Juárez, y Sandra Fuentes, embajadora de México en Holanda.
- Un representante del departamento internacional del sindicato holandés FNV.
- Organizaciones no gubernamentales de Holanda como Amnistía Internacional, Oxfam Novib y la Fundación Hester.
- Organizaciones no gubernamentales de México: Esther Chávez Cano a nombre de Casa Amiga; Marisela Ortiz, cofundadora de la organización mexicana Nuestras hijas de Regreso a Casa, y Emilienne de León de la Organización Semillas.
- Wil Pansters, antropólogo, profesor de la Universidad de Utrecht, especialista en México.
- Edwin Koopman, periodista del periódico *Trouw* y de Radio Nederland.

A principios de diciembre de 2005 se planeó una reunión en el centro de prensa de Nieuwspoort, en La Haya. Los participantes mexicanos regresarían a México al día siguiente junto con los representantes de Radio Nederland, Roeland y yo. El seguimiento del seminario se llevaría a cabo con las mismas personas en la Ciudad de México con el fin de entablar un diálogo entre ambos países. Luego serían transmitidos por Radio Nederland programas en inglés, español y holandés dedicados al tema de la impunidad en Juárez, de manera que decenas de miles de radioescuchas serían informados sobre los feminicidios. El tema sería retomado constantemente en el sitio de internet de Radio Nederland. Pablo Gámez me haría una entrevista sobre la fundación y mi experiencia, lo cual me mantenía muy alerta y atenta. Para la Fundación Hester la visita de Esther Chávez Cano a Holanda era una oportunidad única de difusión. Sería una semana llena de actividades.

El 4 de diciembre organizamos una visita para los amigos y miembros de la fundación. La parlamentaria Gerdi Verbeet dio una charla y habló sobre los terribles sucesos que tenían a Ciudad Juárez conmocionada y el miedo con el que vivían las mujeres jóvenes. Era para ella una satisfacción llamar la atención sobre el dolor de los familiares de las 400 mujeres asesinadas, entre ellas Hester.

Explicó que Juárez era una ciudad fronteriza de difícil acceso por sus montañas y desiertos; una ciudad que podría ser comparada con muchas otras del rico Occidente, si no fuera por las desgracias vividas por los migrantes que acudían de todo México en busca de fortuna. Las maquiladoras proporcionaban tanta mano de obra que Juárez era famosa por la baja tasa de desempleo. Eso se veía con muy buenos ojos, sin embargo nunca se hablaba de los bajos salarios o la destrucción del ambiente. Cada día llegaban a trabajar miles de personas de todos los confines del país. Se trataba de familias separadas, con miembros viviendo en otras partes de la nación. Las madres trabajadoras tenían que viajar durante dos o hasta cuatro horas diarias para ir a su trabajo y en los barrios desolados no había parques, guarderías o gimnasios. Las escuelas prácticamente sólo enseñaban a los niños a trabajar en las maquiladoras; no había lugar ni dinero para otros estudios.

El que las mujeres se encontraran totalmente integradas en el proceso laboral no ofrecía ningún avance ni mejoría en su calidad de vida, ya que Juárez era más cara que otras ciudades mexicanas; de tal forma que se quedaban estancadas en las antiguas normas de vida, en donde el padre o la pareja decidían cómo se tenía que vivir. Si una mujer quería escapar de esta forma de vida, tenía dos caminos: la prostitución o la criminalidad. La violencia ya se había vuelto el pan de cada día.

La migración era un factor constante y un estímulo para la industria, pero nadie prestaba atención a la llegada de 400 personas por día a la ciudad; el abastecimiento de servicios como electricidad y agua, la construcción de caminos, escuelas y hospitales no iban a la par de ese aumento de la población. Las estructuras sociales se encontraban débiles y amorfas, y se podía comprar drogas en cada esquina, lo que convertía a la ciudad en tierra fértil para conservar y aumentar la criminalidad.

Para entonces, en Juárez existían alrededor de 500 bandas callejeras armadas, y la corrupción política y las formas de impunidad eran un secreto a voces. Los responsables de esta situación partían de la base de que la criminalidad era resultado de la degradación individual siguiendo el modelo norteamericano de violencia, sexo y materialismo que no estaba acorde con los valores y normas de la cultura mexicana, que establecía que la mujer tenía que obedecer y tener una actitud sumisa.

Las causas de los problemas no se buscaban en el crecimiento y el descontrol de la propia sociedad mexicana, sino en las mujeres, a las que se categorizaba en dos grupos: las buenas y las malas. Las malas, a menudo solas, sin padre o hermanos que las vigilaran, trabajaban de noche e iban a bailar a los bares y centros nocturnos, donde se podía comprar fácilmente alcohol y drogas. Estas mujeres eran "las que se lo buscaban", según la policía y la justicia local.

Casa Amiga protestó públicamente contra estas convicciones, mediante manifestaciones de protesta, y organizando grupos de discusión y otros encuentros para abrirles los ojos a las autoridades. También llevó a cabo campañas de información en las maquiladoras, escuelas, iglesias y en instancias públicas para cambiar la cultura imperante, para fomentar el respeto entre mujeres, hombres y niños, tanto en la vida familiar como en el trabajo y la calle. Ahora, por fin sabían que eran escuchadas más allá de las fronteras mexicanas.

En Ciudad Juárez había entrado en acción la Comisión para Prevenir y Erradicar la Violencia contra las Mujeres en Ciudad Juárez bajo la dirección de Guadalupe Morfín. Faltaba un largo camino por recorrer, pero esto parecía un buen principio. En el último semestre de 2005 ocurrieron de nuevo 27 asesinatos. La violencia no terminaría de la noche a la mañana, pero era importante intentar ponerle coto a la impunidad.

La dedicación de Esther impactó a los presentes. ¡Una persona muy especial! Todos comprendieron de golpe por qué apoyábamos a Casa Amiga y nos interesábamos por darle un salario al psicólogo.

Esa noche amigos y familiares cenamos con Esther, quien habló sobre la importancia de todas estas muestras de apoyo. No se trataba sólo de dinero: explicó que le reconfortaba mucho el apoyo moral. Habló con Germán y Melisse sobre su experiencia. Compartió su admiración y respeto por nuestra familia, que había salido adelante luego de una pérdida tan desgarradora y triste. Eso le infundía valor. Fue una noche verdaderamente emotiva.

El 6 de diciembre empezó en Nieuwspoort el seminario sobre Juárez. Había muchos más asistentes de los que imaginaba. Se produjo una discusión ferviente sobre las maquiladoras y las injustas condiciones laborales, sobre organizaciones como Casa Amiga y el rol del gobierno. Un punto de partida era el Tratado de Libre Comercio entre Europa y México, que establece claramente que México debe actuar democráticamente y respetar en todo momento los derechos humanos. Durante el encuentro hubo un amplio intercambio de opiniones con todo tipo de argumentos y era obvio que el problema que tratábamos no era sencillo. Me sentía muy contenta de difundir la situación en Juárez y aportar elementos para encontrar soluciones a través de la fundación.

Al día siguiente viajamos a la Ciudad de México para una visita de dos días. La última vez que habíamos estado ahí nos encontrábamos totalmente despreocupados mirando a los mariachis. Por un lado parecía que había ocurrido siglos atrás, y, por otro, mientras pensaba en Hester, parecía que había sido ayer. Escuchaba su voz y casi podía sentirla. Pero la ciudad es inmensa y llegamos a una parte totalmente irreconocible para nosotros.

El 8 de diciembre de 2005, en el Club de Periodistas de México se realizó el segundo seminario dedicado a las víctimas de Juárez. Lo primero que sorprendió a los asistentes fue la presencia de muchachas estudiantes que se cosieron los labios como símbolo del silencio que durante tantos años rodeó la tragedia de los feminicidios. En las paredes del local diversos pintores mexicanos colgaron sus cuadros dedicados a las víctimas. La crudeza de muchos de ellos arrojaba una débil luz sobre el martirio sufrido por esas mujeres. En el podio, 14 mujeres representantes de todos los partidos políticos del país de todas las organizaciones de defensa de derechos humanos estaban ahí sentadas para hablar y escuchar a los 180 asistentes que acudieron esa mañana.

El evento había sido programado para durar una hora y media, pero se prolongó por tres horas porque el público y las invitadas especiales querían continuar el debate.

El Departamento Latinoamericano de Radio Nederland sufragó todos los gastos de la organización. Con ello se demostró en la práctica que más allá de las naturales diferencias políticas o de estrategias para pelear por las víctimas y sus familiares, siempre es posible, si se tiene la suficiente voluntad, unir voluntades para analizar, proponer y encontrar puntos comunes en esta lucha por la vida.

Este seminario en México pasó volando frente a nuestros ojos: no podíamos comprender mucho de lo que se hablaba, ya que el español era muy rápido y no había traducción. Pero si algo me quedaba claro es que un problema tan inmenso y con raíces tan profundas sólo se podía resolver abriendo paso a una nueva mentalidad. En ese sentido, ya se había empezado a trazar el camino y el resultado del seminario fue que el tema del feminicidio se incorporara en 2006 a la agenda de la Unión Europea.

Después de esa reunión nos llamaron diferentes instancias y llegamos a encontrarnos con los funcionarios del nivel más alto del Poder Judicial. Y nuevamente todo el mundo prometió esforzarse más para resolver el caso de Hester.

Capítulo 13

MÉXICO EN ACCIÓN

Durante 2004, año de la creación de la Fundación Hester, comenzamos a recibir cada vez más mensajes por parte del gobierno mexicano. El mundo puso la mirada en México a partir de la publicación del informe de Amnistía Internacional. El presidente Vicente Fox decidió reforzar la presencia de la policía federal en esa ciudad enviando a 300 agentes a Ciudad Juárez, y claro está que eso era notorio.

El gobierno mexicano había propuesto al embajador de Holanda en México que pidiera la colaboración de la Interpol para buscar al asesino de Hester, pero desgraciadamente no pudieron hacer nada sin tener el nombre y la fecha de nacimiento del sospechoso. Todos sabíamos cómo se llamaba el presunto culpable, pero no teníamos ni idea de su fecha de nacimiento. Me parecía inconcebible que se pidiera esa información. Es posible que fuera un nombre muy común en la zona fronteriza, pero ello no era motivo para dejar de buscar.

Estaba perpleja e inmediatamente empecé a escribir. Durante nuestra primera visita a Ciudad Juárez, María López Urbina (la entonces fiscal especial para los homicidios de mujeres en Ciudad Juárez, de la Procuraduría General de la República) nos aseguró que había informado a la Interpol. Nos había engañado. ¿Sería por eso que nos lo susurró y nos dijo que no podíamos grabar nuestro encuentro con ella? En una carta enumeré toda la información que tenía sobre el sospechoso y se la hice llegar a la embajada holandesa en México.

Enfaticé que la conversación con López Urbina había sido grabada por un programa de televisión. Nada parecía tener sentido, estábamos atrapados en un laberinto sin salida, pero me alivió saber que López Urbina había sido reemplazada por Mireille Roccatti, quien había sido la titular de la Comisión Nacional de los Derechos Humanos (CNDH).

A través del Ministerio de Relaciones Exteriores de Holanda nos enteramos de otra noticia que nos cayó como un balde de agua fría: según un informe oficial firmado por Zuly Ponce en 1998 y 1999, se había contactado al FBI especialmente para el caso de Hester. Sin embargo, esto no había sido así. Si bien hubo contacto entre la policía mexicana y el FBI en la frontera con El Paso, nunca fue para resolver el caso de Hester, sino para intercambiar información general sobre diferentes casos así como asuntos administrativos. El caso de Hester nunca fue discutido entre ambas instancias. La fiscal Zuly Ponce y su sucesora López Urbina no habían sido muy meticulosas en su trabajo, por decirlo diplomáticamente.

Durante el seminario de Juárez, organizado por Radio Nederland, Oxfam Novib y Amnistía Internacional, el embajador de México mostró interés en reunirse conmigo para darme a conocer un reporte que había recibido de Patricia González, procuradora de Chihuahua. Según el informe, el caso de la muerte de Hester volvería a ser investigado por agentes especializados. Este grupo de agentes buscaba al sospechoso, de nombre Roberto Flores, un hombre de unos 45 años de edad. Con el mismo nombre había 944 personas, de las cuales 12 podrían tener la misma edad. Para encontrar al culpable, sólo faltaba que los rasgos físicos coincidieran y que la persona en cuestión hablara español e inglés. Tomé nota del informe.

Todas estas mentiras, falsedades e incongruencias en la investigación, lentamente me hacían perder la esperanza. Pasé horas hablando con mis hijos sobre toda esta red de mentiras e impunidad. A pesar de ello, en la Fundación Hester encontraba energía y fuerza para seguir adelante, y logramos que se dictara una orden de detención en todos los estados de México y en Estados Unidos.

Mientras tanto, recibimos otro mensaje de la embajada de Holanda en México, que contenía información que les había brindado la nueva fiscal Mireille Roccatti. Según ella, de los asesinatos de mujeres cometidos en los últimos 12 años, 200 habían sido resueltos, y se habían llevado a cabo 150 arrestos. De inmediato le escribí a Esther para saber si esta información era correcta.

Esther me explicó lo siguiente: un tercio de los 400 asesinatos había sido causado por violencia doméstica, la consecuencia directa del comportamiento machista. Encontrar a los culpables de crímenes de violencia doméstica era muy fácil. Sin embargo, rastrear y encontrar a los miembros del crimen organizado que asesinaban y torturaban brutalmente a las mujeres era muy difícil. De ese grupo de delincuentes ninguno había sido detenido.

En Holanda, el crimen organizado y la violencia doméstica no entrarían en la misma categoría. Sin embargo, ambos problemas podían ser resueltos igualmente al avanzar en un proceso de cambio de la cultura machista y procurar que las mujeres fueran más combativas. Por esa razón, la Fundación Hester apoyaba plenamente los objetivos de Casa Amiga, donde recibían apoyo todas las víctimas de violencia.

Durante esos días, leímos un artículo del diario holandés *NRC Handelsblad* en el que el gobierno mexicano aseguraba que apoyaría económicamente a los familiares de las víctimas. Tenía un presupuesto de 2.7 millones de euros para reparación de los daños. Nos preguntamos si algún día recibiríamos alguna notificación sobre este tema.

Luego nos enteramos de que Guadalupe Morfín, comisionada para Prevenir y Erradicar la Violencia contra las Mujeres en Ciudad Juárez, también era un contacto importante para la embajada holandesa. En 2005 entregó a Vicente Fox su segundo informe de trabajo en un acto en el palacio presidencial, al que acudieron diferentes secretarios de Estado y el gobernador del estado de Chihuahua. La presencia de las autoridades federales y del estado indicaba que se tomaba en serio el problema del feminicidio. El presidente municipal de Ciudad Juárez brilló por ausencia, lo que demostró que el municipio no reconocería que había un problema específico, porque, a fin de cuentas, los asesinatos ocurren en todas partes.

Morfín se atrevió a desafiar a las autoridades y habló de cómo el machismo podía exacerbarse en condiciones como las que se vivían en Juárez: la criminalidad relacionada con el narcotráfico, la explotación laboral de las trabajadoras en las maquiladoras, la falta de tejido social en una ciudad que crece sin orden, la corrupción policiaca y la extrema impunidad. Sus palabras sonaban prometedoras. Solicitó más protección para las familias de las víctimas ante las intimidaciones que sufrían; había que fortalecer el tejido social a través de proyectos en el área de desarrollo social y de salud. Las maquiladoras tenían que responsabilizarse de mejorar las condiciones laborales de sus trabajadoras. Era urgente mejorar la aplicación generalizada del Estado de derecho.

El único asistente internacional fue el embajador de Holanda. A fin de cuentas, Hester era la única extranjera asesinada en Juárez.

Capítulo 14

ATENCIÓN DESDE EL PARLAMENTO EUROPEO

Gracias a que el seminario sobre Juárez organizado en Nieuwspoort hizo visible la terrible situación en Ciudad Juárez, tanto el feminicidio como el seguimiento de la investigación de la muerte de Hester aparecieron frecuentemente en la agenda política del gobierno holandés y captaron la atención del Parlamento Europeo. Esto me alegró mucho, y me preguntaba si por fin se les daría más atención a estas atrocidades. Por supuesto puse al tanto a Esther de todo este desarrollo positivo.

Durante una visita oficial a Holanda del secretario de Relaciones Exteriores, Luis Ernesto Derbez Bautista, la parlamentaria holandesa del Partido Demócrata Cristiano (CDA), Kathleen Ferrier, quien había participado en el seminario de Juárez, le preguntó a través del ministro de Relaciones Exteriores holandés, Bernhard Bot, si los casos de Juárez y, en particular, el caso de Hester ya habían sido resueltos.

El ministro Bot hizo énfasis en el caso de Hester y la respuesta que recibió fue que más agentes de la policía se encontraban trabajando en Ciudad Juárez y que, después de ocho años del asesinato de Hester, se había involucrado a la Interpol. Se había emitido una orden de detención contra el sospechoso en México y en Estados Unidos. Bot tenía confianza en que el caso se resolvería. De las respuestas que ofreció a varios parlamentarios sobre el caso, se comprobó que el gobierno holandés seguía el tema y eso nos dio una grata sensación.

El asunto no terminó ahí. En 2006 se llevaría a cabo en el Parlamento Europeo, en Bruselas, una audiencia sobre los feminicidios y, para mi sorpresa, fui invitada. No sabía lo que mi presencia podría significar ni qué podría esperar del encuentro, pero si de algo estaba segura era de que hablaría. Desde marzo, el organizador de la audiencia ya había planteado preguntas a los parlamentarios sobre el caso de Hester y la situación general en Ciudad Juárez. Las respuestas eran previsibles: el gobierno mexicano estaba al tanto de la problemática y convencido de la seriedad del asunto así como del daño que representaba para la imagen de México, por lo que seguía atentamente el caso de Hester y los de las mujeres mexicanas asesinadas.

Antes de ir a Bruselas me puse en contacto con el Ministerio de Relaciones Exteriores para saber si tenían más información sobre el caso de Hester. En el Parlamento el ministro Bot declaró haber recibido un informe del gobierno mexicano que confirmaba que más policías se habían puesto a investigar el caso y que estaban buscando al sospechoso activamente.

En la audiencia del Parlamento Europeo no sólo se tocó el tema Juárez, sino todos los feminicidios en México y América Central. Se enfatizó la situación en Guatemala, que era todavía más grave que en Ciudad Juárez.

Entre los oradores se encontraban Guadalupe Morfín, la representante del gobierno mexicano que habíamos conocido en el seminario en Nieuwspoort, y Raül Romeva, vicepresidente de la Delegación para las Relaciones con los Países de la América Central del Parlamento Europeo, y el gran iniciador de la audiencia. De Guatemala estuvo el relator del Parlamento Europeo sobre el feminicidio, y además asistieron un representante de la subcomisión europea de Derechos Humanos y el relator especial de Naciones Unidas sobre la violencia contra la mujer.

Durante el encuentro yo desempeñé dos roles: por un lado, como madre de una de las víctimas asesinadas; por otro, como presidenta de la Fundación Hester, que, junto con otras organizaciones presentes, defendía los intereses de las víctimas.

Fue una reunión imponente. En representación de la Asociación de Padres con Hijos Fallecidos asistió Marjo Searle-van Leeuwen, madre de Brenda, una jovencita holandesa que también fue asesinada en el sur de México. Durante la investigación del asesinato de Brenda, su madre tuvo los mismos problemas a los que se habían enfrentado otras madres de víctimas con la policía en Ciudad Juárez. Su hija había estado desaparecida durante meses y cuando ella mostró su preocupación, le respondieron que no se preocupara, que su hermosa hijita rubia regresaría a su lado. Por suerte, la policía holandesa lo tomó con la seriedad pertinente.

Después de ocho meses, resultó que Brenda había sido asaltada y asesinada en Chichén Itzá, una de las ciudades turísticas más importantes de México. A pesar de que la situación en Juárez y la muerte de Hester ya se habían difundido y no podían ser ocultadas, me sorprendió que Guadalupe Morfín se expresara abiertamente sobre la insoportable situación en México, exigiendo apertura total.

La abogada mexicana confesó que el trato de los crímenes violentos contra las mujeres en su país no era una razón para sentirse orgullosa. A nivel federal, el problema se había reconocido, pero en los estados el asesinato como consecuencia de la violencia doméstica todavía no se reconocía como crimen sino como algo común. Desde el gobierno tendría que hacerse hincapié en que la violencia contra las mujeres era una violación a sus derechos humanos. Todavía se seguía criminalizando a las víctimas y argumentando que seguramente "se lo habían buscado". Mientras los culpables no fueran castigados y no se llevaran a cabo medidas de seguridad pertinentes, los culpables podrían seguir llevando a cabo asesinatos y salirse con la suya.

Guadalupe Morfín quería fortalecer la conciencia social con una mejor política contra la impunidad y una condena explícita a la criminalización de las víctimas y la violencia sexual. La impunidad en sí ya es una violación de los derechos humanos, y encima de ello es el origen de la violencia contra la mujer en la sociedad mexicana; el feminicidio en el norte del país demostraba claramente en lo que desemboca dejar en la impunidad estas violaciones de los derechos de la mujer. Guadalupe Morfín quería más investigaciones, más psicólogos, más derecho internacional y más apoyo a las organizaciones que estaban brindando atención a las víctimas, a menudo formadas por los familiares de las mismas. Sobre todo, quería la reparación de los daños, compensación a las familias de las víctimas y apoyo psicológico. Habló también de la necesidad de contar con bases de datos modernas y efectivas donde se pudieran agregar y localizar fácilmente los antecedentes y las estadísticas de todas las víctimas. Y, por último, pidió "sensibilizar a todos los funcionarios administrativos, al personal de hospitales, de las morgues, para que trataran humanamente a los familiares de las víctimas".

Enseguida habló el representante de Guatemala, un país que cargaba con un pasado de dolor e inestabilidad política como consecuencia de 36 años de guerra civil, razón por la cual el problema no se había reconocido. Dos años atrás se había firmado un acuerdo de derechos humanos, pero era continuamente violado. Una cantidad innumerable de personas habían sido afectadas durante la guerra, ya fuera por guerrilleros, militares o paramilitares. Por lo tanto, muchos hombres conservaban sus armas.

El embajador explicó claramente que las mafias de drogas poseían un gran capital, que las hacía más poderosas que el propio gobierno, de tal suerte que la vida de una persona en Guatemala no valía nada, y mucho menos todavía la de una mujer. Apuntó, además, que para solucionar este problema ante todo se debía registrar la criminalidad, las características de los autores y de las víctimas para analizar las medidas judiciales a tomar.

Al igual que Guadalupe Morfín, el representante de Guatemala constató que lo que se necesitaba era una base de datos común. Había que armonizar los pormenores que se introducían para que las instancias en ambos países pudieran disponer de información homóloga, con el fin de tomar decisiones mancomunadamente. Era evidente que la cooperación entre México y Guatemala era necesaria.

De pronto me di cuenta de que Ciudad Juárez era un caso ejemplar y que las organizaciones de mujeres en Guatemala querían ponerse en contacto con las de México para aprender a luchar juntas; por ejemplo, iniciar una emisora de radio con el objetivo de informar a las mujeres para fortalecerlas.

El Consejo de Europa, que fue establecido en 1949 con el objetivo principal de promover la unidad democrática, económica y jurídica del continente, así como la defensa de los derechos humanos y el progreso social en el resto del mundo, también manifestó su posición sobre el tema. La relatora del Consejo para México recibió información de presidentes municipales y de diferentes organizaciones no gubernamentales como Casa Amiga. Ella observó un avance en la situación en México, en parte gracias al llamado de las madres para acabar con la impunidad. La funcionaria puso sus ojos en Europa, donde también se asesinaba a mujeres. Sin embargo, la diferencia era muy clara: en Europa la mayoría de los asesinos son capturados y castigados. Ella anunció que México se había unido a una comisión del Consejo de Europa y así sería posible lanzar una campaña de protección de los derechos humanos.

El eurodiputado Raül Romeva, vicepresidente de los delegados de países de América Central en el Parlamento Europeo y organizador del encuentro, concluyó la sesión manifestando su satisfacción por haber comenzado a hablar del problema. Para Romeva el asesinato de mujeres era un problema global que tenía que ser atendido en el mundo entero desde enfoques multisectoriales. El mayor enemigo era el silencio que se había guardado en años anteriores y era importante hacer visibles los abusos.

Si México y Guatemala iniciaban un diálogo para una cooperación en los ámbitos económico, educativo, político y legal, la justicia para las mujeres se convertiría en realidad mediante la prevención y la lucha contra la impunidad. Ciudad Juárez había sido un parteaguas en el problema de los feminicidios y había ayudado a hacer visibles a las 2 300 mujeres asesinadas en Guatemala en los últimos cinco años.

El Parlamento Europeo resultó ser un escenario sobresaliente para que esta discusión fuera llevada al más alto nivel. El tema debería incluirse en las agendas de todos los ministros y jefes de Estado. Sólo así se podría romper el silencio y encontrar una solución. Raül Romeva anunció un informe.

Cuando me tocó participar, en Bruselas, expresé mi satisfacción y agradecí tanta atención brindada al caso de Hester, aun sabiendo que, con la captura del sospechoso, nuestra hija y hermana jamás regresaría. En la misma situación se encontraban los padres de las 400 mujeres asesinadas en Ciudad Juárez. El que los asesinatos no disminuyeran, sino aumentaran, significaba para mí que debía seguir luchando contra la impunidad mediante la Fundación Hester, independientemente de si se encontraba al asesino de mi hija. Al final del encuentro escuché cuán importante había sido contar con la presencia de familiares y víctimas, así como escuchar sus testimonios y todo lo que habían pasado.

En septiembre de 2007 recibimos una carta de la embajada holandesa en México, en la que manifestaba su apoyo a Casa Amiga. De esa forma, se promovería el proceso penal en México y al mismo tiempo se ofrecía ayuda a los familiares de las mujeres asesinadas y desaparecidas. Esto representó un gran apoyo para la Fundación Hester y una gran inyección financiera para Casa Amiga. La noticia me puso muy contenta. Me encargué de poner al tanto a la embajada de las actividades de Casa Amiga y de la Fundación Hester.

La embajada decidió financiar también otro proyecto: la investigación forense antropológica de la identidad de las víctimas de feminicidio, que gracias a este apoyo pudo continuar. Más adelante llegarían logros en materia de derecho. Por primera vez en años, tres sospechosos de la muerte de mujeres fueron enjuiciados de acuerdo con la ley. ¡Por fin el gobierno de Chihuahua comenzaba a tomar el asunto en serio!

Capítulo 15

CÓMO EVOLUCIONABA CASA AMIGA

Gracias a que las cosas en la Fundación Hester iban muy bien, en 2007 pudimos financiar un proyecto paralelo a la ayuda psicológica y pedagógica. El proyecto se llamaba "Mi cuerpo es mío" y consistía en presentaciones de teatro guiñol en las que se abordaba el tema del abuso sexual infantil. A través de estas presentaciones, se buscaba enseñar a los niños a confiar solamente en sus familiares más cercanos (padres y abuelos) para prevenir así el abuso por parte de otros adultos que pudieran pedirles algo "raro" o que "tuvieran que guardar en secreto". Durante la divertida presentación, los niños escuchaban entretenidos a una marioneta que hacía el papel de un tío abusador al que no debían hacerle caso.

Esther y yo habíamos estrechado lazos a través de los años y, gracias a internet, estábamos en comunicación constante, lo cual me permitía enterarme de todo lo que pasaba en Juárez. Así supimos que uno de los patrocinadores de Casa Amiga les había ofrecido un edificio nuevo. Aunque era demasiado grande y Esther no sabía cómo empezar a usarlo, la noticia la puso feliz. Por supuesto, también nos manteníamos al tanto de las acciones del gobierno y de la justicia, así como de los homicidios que seguían ocurriendo. Cada vez que recibía un mensaje con noticias sobre alguna muerte me ponía de muy mal humor. También me daba cuenta de que la violencia no paraba y de que las autoridades seguían sin tomar el asunto en serio.

En algunas ocasiones, la Fundación Hester contactaba desde Holanda a instituciones en México que le parecían importantes a Esther. Por ejemplo la fábrica Philips en Ciudad Juárez. Queríamos saber cómo era el trato que sus empleadas recibían y si estaban al tanto del trabajo de Esther Chávez Cano en Casa Amiga. Philips se tomó la molestia de atender nuestras inquietudes. Nos aseguraban que ellos trataban bien a sus empleadas, quienes recibían un salario superior al mínimo. En Philips había un código de ética muy claro en el que se establecía que las personas con funciones administrativas que practicaran la intimidación sexual a sus empleadas serían castigadas por la ley. Además, la sede central de Philips en Holanda había elaborado una serie de programas para desarrollar condiciones laborales más seguras y llevaderas para sus empleadas: habían donado seis patrullas de vigilancia, equipo de policía y de bomberos, y transmisores de radio para vigilar las zonas aledañas a las fábricas, y habían instalado también iluminación en sus calles cercanas. Por otro lado, la empresa colaboró en el desarrollo de programas que tenían por objetivo concientizar a la policía local acerca del valor de las mujeres y cómo aumentar y conservar su seguridad.

Philips también ofrecía cursos sobre la salud para las mujeres y actividades deportivas para estimular la vida familiar y la salud en general. La empresa donó material y ropa deportiva, clases de gimnasia para madres y niños, así como un campamento de verano para los hijos de los empleados. Junto con otras organizaciones, Philips capacitaba a empleadas para aprender a evitar situaciones peligrosas y reaccionar adecuadamente si se encontraban frente a algún peligro. La compañía holandesa también proporcionó equipo y aparatos a hospitales en donde ofrecía asesoría sobre planificación familiar. La empresa Philips nos aseguró que se pondría en contacto con Esther para ver cómo podría brindar apoyo a Casa Amiga, a través de programas que hicieran la ciudad más segura para las mujeres.

Esther nos escribió para compartir su alegría por el apoyo económico y moral que había recibido. Sus palabras me conmovieron profundamente:

> Al hacer frente a su desgracia, Arsène y su familia me han dado el valor y la fuerza para andar por el camino correcto hacia un mundo más justo. Han dejado a un lado la amargura y han iniciado una fundación con el objetivo de apoyar a Casa Amiga. Sin importar los miles de kilómetros que nos separan, Arsène y los amigos de la Fundación Hester borran las lágrimas de todos los jóvenes, chicas y chicos que han llegado a

Casa Amiga, afectados por la despreciable violencia causada por el crimen organizado o por algún familiar. Gracias a ustedes podemos ver brillar nuevamente los ojos de las víctimas. Ustedes nos dan la oportunidad de hacer que ellas vuelvan a confiar en la bondad de la gente.

Además de estas palabras, recibí informes de todos los niños y mujeres que habían recibido ayuda después de haber sido abusados sexualmente: decenas de niños en medio año y la misma cifra de jovencitas habían sido violadas. Casi 1 000 mujeres recibían ayuda psicológica. La psicóloga de Casa Amiga nos informó que los niños eran el grupo más vulnerable; los pequeños que llegan a Casa Amiga con sus madres son a menudo tímidos e inseguros y les toma mucho tiempo volver a hablar. Al hacer un análisis de la situación familiar, Casa Amiga puede elaborar un diagnóstico. La pedagoga les ofrece a los niños las herramientas para iniciar la reconstrucción cognitiva de sus relaciones interpersonales. La confianza se eleva, así como el control de su comportamiento emocional. Así, los niños aprenden a controlar nuevas situaciones emocionales.

En 2007, el Consejo de Dirección de la Fundación Hester decidió que Roeland y yo viajáramos de nuevo a México para efectuar una visita de trabajo evaluativo a Casa Amiga.

Capítulo 16

LA PELÍCULA *BORDERTOWN*

En febrero de 2007 me llamaron del programa *Netwerk* para invitarme a la presentación de la película *Bordertown* en el festival de cine de Berlín. La protagonista, Jennifer Lopez, recibiría en el evento un premio de Amnistía Internacional. La película mostraba el drama de las mujeres en Ciudad Juárez. La cantante y actriz calificó el drama de México como "uno de los más atroces y crueles crímenes contra la humanidad". Para ser honesta, no tenía idea de quién era Jennifer Lopez, así que le pregunté a Germán, quien se rió de mí y puso al tanto a su vieja madre de la fama de la actriz y cantante.

Netwerk nos invitó al estreno de la película y a la ceremonia de la premiación. Me preguntaba cómo había llegado a esa realidad absurda en la que el glamour y el drama se entrelazaban a raíz del dolor con el que había empezado todo. A menudo me daba una sensación de alienación. Para no desentonar, le compramos un traje negro a Roeland.

El festival era también una excelente forma de llamar la atención a un amplio público sobre la grave situación; eso lo hizo un poco más llevadero para nosotros.

Al principio nos encontramos en la sala donde Jennifer Lopez recibiría el galardón, un lugar lleno de gente nerviosa que hablaba y corría de un lado a otro. En un espacio separado, los actores recibían a un selecto grupo de invitados especiales del cual nosotros formábamos parte. El primero en llegar fue Antonio Banderas, el protagonista, junto con Jennifer Lopez. Él sabía que habíamos perdido a nuestra hija en Juárez y mostró inmediatamente su compasión. Nos preguntó en detalle sobre nuestra experiencia con la policía y las autoridades mexicanas; quería saber también si había mucha diferencia en el manejo de nuestro caso y el de otras madres mexicanas. Luego de escucharnos con mucha atención, nos presentó a Jennifer Lopez, quien también se mostró conmovida, pero parecía también muy ocupada con la película. Nos preguntó si estaríamos presentes en el estreno, cosa que le daría mucho gusto.

Entre los invitados se encontraban dos madres de Juárez, a quienes habíamos conocido en el 2004. Naturalmente fue un emotivo encuentro entre muchas lágrimas y sollozos. Jennifer le dijo al público que las madres presentes representaban a los cientos de muertas y desaparecidas hasta ese día.

El premio de Amnistía Internacional fue entregado por el Premio Nobel de la Paz, José Ramos-Horta. ¡Nunca había visto tantos fotógrafos juntos! Era un destello masivo de luces. Sin duda alguna todas esas fotografías le darían mucha difusión a la situación de las mujeres en Ciudad Juárez.

El estreno fue al día siguiente. Nuevamente hubo muchos fotógrafos, y nosotros experimentamos por primera vez lo que es andar por la alfombra roja. Mientras pasamos no ocurrió nada particular. Sólo cuando habíamos entrado todos, llegó el coche con el equipo de la película. Gritos desde el público, los actores posaron ante las cámaras, dieron alguna breve declaración y entraron al recinto con paso elegante por la alfombra roja. Los actores aparecieron en el escenario y se les agradeció su colaboración. ¡Por fin comenzó la función!

La atmósfera de la película me era familiar, así como los alrededores, el centro de Ciudad Juárez, las imágenes de las mujeres subiendo a los autobuses que las llevarían a las maquilas. Todo eso era como la realidad misma: los contrastes entre la pobreza extrema de la mayoría y la absurda riqueza de unos cuantos; la atmósfera deplorable y la conciencia de que de noche no puedes salir porque los criminales acechan.

Desde la muerte de Hester no fui capaz de ver películas violentas porque esa ficción se había convertido en realidad para mí y para mi familia. Ya no quería ver imágenes de asesinatos por pura distracción. Ahora estaba junto a Roeland, agarrándome del asiento al ver cómo las mujeres eran asesinadas y humilladas de la misma forma que Hester. Los gritos desesperados me desgarraron el alma. Nunca más quiero volver a ver esa película.

La recepción de la película en Holanda superó las expectativas de la compañía cinematográfica, que no se había dado cuenta de que en Holanda ya se conocía el caso de Hester, que había sido una víctima de esa misma violencia en Juárez. La historia de Hester ya había sido publicada en varias revistas y Germán y Jonet habían contado su experiencia del caso en muchas entrevistas a diferentes medios.

De alguna manera, podía entender la reacción del público. Por suerte sólo era una película. Sin embargo, esperaba que se diesen cuenta de que la realidad era mucho más horrorosa que el guión de los productores.

Capítulo 17

ESTHER GRAVEMENTE ENFERMA

El 22 de febrero de 2007 recibí una noticia desastrosa. A Esther le costó mucho comunicármelo y lo había pospuesto mucho tiempo. Envió un correo electrónico en diciembre para informarme que le habían confirmado cáncer de pulmón. Tampoco se lo había contado a su familia ni a sus colegas. Tenía miedo del futuro y de entorpecer la fiesta de Navidad. Todo el mundo en su entorno estaba perplejo. Esther nunca estaba enferma. ¡Qué noticia más horrible! Me sentí destrozada, ya que nuestra amistad había crecido mucho a pesar de la distancia. No quería perderla y menos por un mal tan horrible como el cáncer. De golpe, la distancia se convirtió en un obstáculo que me impedía acercarme a ella para darle palabras de aliento y reconfortarla.

El doctor quería aplicarle una nueva quimioterapia y a todos les sorprendió lo bien que reaccionó ante el tratamiento, pues le habían dicho que tal vez no lo aguantaría. Esther se mostró positiva y me escribió lo bien que se sentía, lo mucho que disfrutaba su comida y lo disciplinada que llevaba su vida. Estaba convencida de que todo eso le ayudaría.

La energía positiva era lo más importante, decía. Me comentó que las enfermeras y los enfermeros eran muy pobres y que ella les ayudaba un poco, aunque ellos no estuvieran acostumbrados a recibir esa ayuda. También me comentó que había buscado y encontrado una buena suplente para Casa Amiga: una mexicana con muy buenas referencias que demostraban su profesionalidad, con amplia experiencia laboral, eficaz y especialmente confiable. Yo le enviaba correos electrónicos con frecuencia para darle ánimo durante la quimioterapia.

Algo tan inmenso como el cáncer de pulmón era imposible de aceptarse. Yo tenía la idea de que Casa Amiga funcionaba en gran medida gracias al trabajo de Esther, quien ya tenía 73 años, y aunque estaba consciente de que nadie viviría para siempre, esta nueva situación era terrible.

En vista de las circunstancias, los miembros de la fundación decidimos de manera unánime que Roeland y yo adelantáramos nuestro viaje a Ciudad Juárez para finales de mayo.

Le escribí a la oficina de Amnistía Internacional en Holanda, a la sede central en Londres —donde había estado con Esther unos años atrás—, a la embajada de México en Holanda y a la de Holanda en México; también a mis contactos en Radio Nederland y en el Parlamento Europeo, así como a diferentes periodistas, para pedirles nombres de contactos que pudieran ser importantes y que recomendaran qué preguntas podríamos formular. Por supuesto, el Consejo de Dirección de la Fundación Hester me pidió que hablara largamente con un miembro de la dirección de Casa Amiga.

Finalmente tenía un plan definitivo con nombres de representantes de las autoridades, como Guadalupe Morfín, de la policía y la justicia, entre otros Óscar Máynez, el agente que se había retirado de la policía, y Diana Washington Valdez, la periodista con la que habíamos hablado la vez anterior. Naturalmente no faltaban las madres ni representantes de otras organizaciones no gubernamentales en Ciudad Juárez que había conocido durante el Festival de Cine en Berlín y en Radio Nederland Wereldomroep. También me interesaba hablar con alguien de Philips. Al final tenía tantos nombres que ya no sabía si en una semana podría verlos a todos.

Le envié esta lista de nombres a Esther y ella hizo la selección definitiva. Esther me informó que Guadalupe Morfín ya no ocupaba el mismo puesto. Algunas conversaciones, por ejemplo con la procuradora y la abogada de Casa Amiga, girarían en torno al caso de Hester; otras servirían de información de fondo para la fundación. Lo que no sabíamos era qué tan enferma encontraríamos a Esther. Nos recogió en el aeropuerto Pilar, su suplente, una mujer de mi edad que parecía muy amigable y abierta. Nos caímos bien. Nos llevó a un hotel decoroso y cómodo en una zona segura.

Al día siguiente fue a buscarnos Ana Luisa, la responsable de recaudar las donaciones en Casa Amiga. Esther la había acogido en su casa porque acudían muchas mujeres a Casa Amiga y era necesario su apoyo para la recaudación de fondos. Después de un largo viaje en coche a lo largo de la frontera, donde por un costado estaba Estados Unidos y por el otro lado barrios de viviendas pobres, llegamos a Casa Amiga: un edificio bajo, precioso, pintado de rojo oscuro. Un muro alrededor protegía la construcción y en la fachada estaba el nombre. Las pintas en los muros llamaban la atención. Cuando Casa Amiga se mudó a este edificio, a Esther se le ocurrió organizar un concurso de graffiti y, naturalmente, se otorgaban premios. El resultado fue un bonito mural lleno de graffitis que los mismos chicos protegían.

Durante nuestra visita a Casa Amiga, sus 20 empleados nos explicaron sus funciones específicas. Nos contaron que ofrecían ayuda profesional a las personas que llegaban por primera vez al centro. En caso de ser necesario, se les enviaba a una casa refugio. En casos de emergencia se podía proporcionar seguridad las 24 horas del día. Las cifras no eran cualquier cosa: en 2006 se había atendido a 4 000 personas por primera vez.

Las otras funciones consistían en brindar atención psicológica a víctimas de abuso sexual o de violencia doméstica. Casa Amiga había desarrollado estrategias para prevenir la violencia doméstica y sus consecuencias. Por ejemplo, a través de charlas con las parejas en las que se explicaba que los problemas no se resuelven a golpes, sino hablando. Todo esto a través de terapia, o talleres a padres, madres, adolescentes y niños con el fin de ayudarles a elevar su autoestima. Se les enseñaba que la mujer no es un artículo que pueda desecharse.

Los adolescentes escuchaban sobre los peligros que representan la droga y el alcohol. También se llevaban a cabo talleres de teatro guiñol en escuelas y jardines infantiles.

En 2006, 3 000 adultos recibieron terapia; en el primer trimestre de 2007, hasta nuestra visita, ya eran 1 000 personas. Los talleres se impartieron en 2006 a 4 000 adultos y adolescentes y ¡hasta abril de 2007 a 6 000!

Una de las cosas más importantes que ofrecía Casa Amiga era la asesoría jurídica sobre divorcios y procedimientos penales. Algunos empleados daban talleres sobre los derechos de la mujer tanto a la población en general como a personal del gobierno o de las instituciones educativas. En esos talleres se enseñaba también a prevenir la violencia sexual a mujeres y niños, a impartir educación sexual, a dar apoyo a las víctimas y sus familiares o allegados. Decenas de miles de personas habían recibido estos beneficios. Las cifras me impresionaron.

Como Casa Amiga enseñaba a identificar fácilmente situaciones de maltrato infantil, las familias podían recibir la ayuda adecuada. En Casa Amiga persuadían a las mujeres de no desquitarse de sus frustraciones con sus niños, sino a hablar con sus parejas sobre los problemas. También se les recalcaba que sus derechos eran iguales a los de sus parejas y que por eso ellos no tenían por qué administrar el dinero que ellas habían ganado con su trabajo; que las chicas también merecían recibir educación y que los padres tenían que responsabilizarse de sus hijos, aun si estaban lejos de ellos.

Los pedagogos les preguntaban a los niños qué les dolía en su interior para explicarles que no era su culpa recibir maltratos. La mayoría de las veces señalaban su corazón y dibujaban juntos uno muy grande para que los niños hablaran y sanaran. Los niños escuchaban historias en grupo para que se identificaran con la suya. Así ellos podrían apoyarse entre sí y saber que no eran la excepción y que no estaban solos.

Al mediodía visitamos a Soledad, quien 11 años atrás había perdido a su hija. El significado de su nombre me puso muy triste. En nuestra primera visita, Soledad nos había contado que tenía miedo de que su hija menor de 15 años sufriera represalias. Ahora ya tenía 17 años, un bebé de nueve meses y no tenía pareja. Le pregunté si el Estado le proporcionaba algún apoyo económico y Soledad me contó que Casa Amiga era el único lugar donde había recibido respaldo y consuelo. Le daban terapia junto a otras madres. Nunca había recibido apoyo del Estado.

Durante mis encuentros extrañaba mucho a Esther. El nuevo edificio era su legado y el hecho de que no estuviera presente en la inauguración nos dejaba en claro lo exhausta que se sentía debido a las terapias. Teníamos que escuchar todo en español, sin intérprete, por lo que no era fácil entender todo lo que nos decían. Por la tarde finalmente vimos a mi querida Esther y pudimos abrazarnos. Le conté sobre nuestros encuentros. Ella no podía estar presente porque se cansaba mucho. A pesar de las quimioterapias que recibía una vez por semana durante un año, seguía firme.

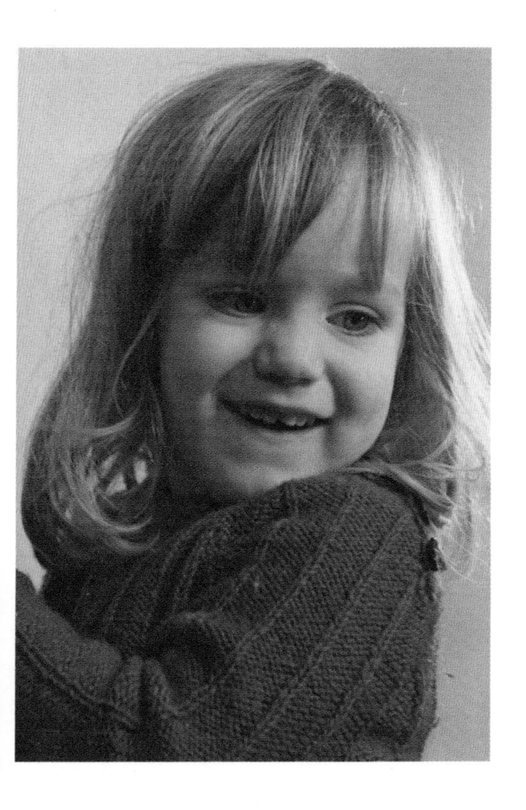

Fotos de la infancia de Hester. Abajo, a la izquierda, fotografiada junto a Melisse, su hermana dos años menor.

Arriba, Germán y Hester en su fiesta de graduación (1998). Abajo, a la izquierda, Melisse y Hester en el proyecto de protección de tortugas.

Arriba, un par de fotos de Hester en sus diversos viajes. Abajo, junto a su padre Roeland en un restaurante mexicano (1998).

El Hotel Plaza, lugar donde Hester fue asesinada (2004).

Anuncio en las calles de Juárez para encontrar a una mujer desaparecida.

Arriba, a la izquierda, los postes con cruces rosas advierten los asesinatos en Ciudad Juárez (2004). Arriba, a la derecha, la cruz en la frontera de El Paso. Allí hay una tarjeta con el nombre de Hester (2004). Abajo, las cruces del campo algodonero (2004).

Con el equipo del programa *Netwerk* en México (2004).

Y de repente en la habitación del hotel, me vi en la televisión mexicana (2007).

La conferencia de prensa al término de nuestra segunda visita a Juárez (2007).

Arriba, a la izquierda, con Irma Casas, directora de Casa Amiga. Abajo, a la izquierda, con la entrenadora Elma Vázquez: no dudamos de la utilidad de las clases de defensa personal para mujeres. A la derecha, con la embajadora de México en Holanda, Sandra Fuentes, en la entrega del libro de fotografías de Amnistía Internacional (2004).

Arsène y Roeland con Trinidad, quien fue abuela a los 32 años. Después de la muerte de su hija, tomó las riendas de la educación de sus nietos.

Soledad, una de las madres de las víctimas con su hija menor y su nieto. En la pared, el retrato de su hija mayor asesinada (2007).

El nuevo edificio de Casa Amiga, el orgullo de Esther Chávez Cano (2007).

A la mañana siguiente visitamos la guardería de Casa Amiga, cuya pedagoga era patrocinada por la Fundación Hester. Los niños eran siempre víctimas de incesto o pertenecían a familias violentas. Esa mañana no había muchos pequeños.

Más tarde vimos a Óscar Máynez, que estaba trabajando de nuevo en la policía. Había venido especialmente a Casa Amiga para hablar con nosotros. Por desgracia nada había cambiado en la policía, pero él estaba convencido de que el buen trabajo de Esther lograba mucho más que el gobierno. Lamentaba que las autoridades siguieran convencidas de que los asesinatos del campo algodonero estaban resueltos. Pero, a pesar de su tristeza y falta de confianza, él hacía lo mejor que podía para mejorar el ambiente de trabajo.

Nuestro siguiente encuentro fue con Trinidad, cuya hija de 17 años había desaparecido hacía ya 12 años, cuando salió de una maquiladora a comprar zapatos. Ella dejó dos niños que Trinidad cuidaba. Ese año se enteró, gracias al trabajo de la investigación del Equipo Argentino de Antropología Forense, de que habían encontrado el cráneo de su hija en el desierto. Cuando la vimos, apenas había regresado de enterrarlo. Lo hizo sola, porque así lo quiso. De nuevo, una experiencia demoledora.

Trinidad tampoco tenía nada bueno que decirnos sobre el gobierno. Lo más normal hubiera sido que le repararan los daños o la compensaran económicamente; sin embargo, ella solventaba todos sus gastos con su salario de la maquiladora: 500 pesos semanales. Con eso cubría los gastos del hogar, la comida y la educación de sus nietos de 13 y 15 años, y la vida en Juárez no era nada barata. Trinidad estaba contenta con los resultados del Equipo Argentino de Antropología Forense, pues al menos sabía con seguridad que su hija había sido asesinada. Aunque todos esos años lo había intuido, esa seguridad le daba cierto sosiego. Trinidad asistía con regularidad a las terapias en Casa Amiga, la única instancia que le había ofrecido apoyo sin costo alguno. Próximamente quería llevar a sus nietos, porque uno de ellos tenía problemas en el colegio.

Me sobrecogieron mucho todas estas visitas. Aunque yo estaba en su misma situación, venía de un mundo completamente diferente y con más posibilidades. Además, a Hester la encontramos inmediatamente sin saber que podría haber sido maltratada y abusada de la manera más cruel y despiadada. Comprendía la desesperación y la tristeza de las madres, pero sabía que ellas estaban en una situación mucho más dolorosa y difícil que la mía. Cuando lo único que tienes es un cráneo y la incertidumbre, lo único que puedes hacer es tratar de adivinar. Esas madres eran tan jóvenes, y aunque yo era una de ellas, sentía que su tragedia distaba mucho de la mía.

El sol se metió y, desanimados, nos retiramos al hotel. Al día siguiente conocimos a la fiscal Patricia González Rodríguez. No puedo mentir sobre lo preparada que parecía. Cuando llegamos había dos personas colocando la imagen de Roberto Flores en un proyector. La fiscal nos expresó su beneplácito en conocernos, aunque sólo fuera para hacernos preguntas y escucharnos. Por suerte yo había preparado una serie de preguntas: ¿Por qué el FBI no había tomado el caso aún? ¿En qué consistía el trabajo que hacían los 22 policías que investigaban, entre otros, el caso de Hester? ¿Dónde se encontraban sus objetos personales? Me respondió en español, tan rápido que apenas pude comprender una cuarta parte de lo que me dijo. Por suerte estaban presentes Pilar Sánchez y Brenda, nuestra nueva abogada, que había reemplazado a la anterior. Aunque era muy joven y apenas había terminado la carrera, escribió todo para traducirlo después al inglés y que nosotros pudiéramos leer lo que la fiscal nos había dicho. Pero la noticia más importante no se me había escapado: la fiscal nos dijo que el dueño del hotel en donde Hester había sido asesinada había muerto. Roeland preguntó si había sido de muerte natural. La respuesta fue que de eso no había ninguna duda; pero después de su muerte, muchos empleados del hotel de pronto estaban dispuestos a testificar en contra del asesino, que había sido amigo del dueño y a veces había arreglado cargamentos de droga para él. ¡Qué noticia! ¿Cómo sería posible sanar a una sociedad tan corrupta?

Nuestro encuentro con la fiscal duró dos horas. Ella se alegró al oír que apenas habíamos tocado las cosas de Hester que nos habían enviado y que estábamos dispuestos a enviarlas de nuevo para ver si podían encontrar evidencias. Por primera vez sentimos que el caso de Hester se estaba tomando en serio. Pero había que esperar. Lo que era un hecho es que la atención internacional y la embajada holandesa habían influido en eso.

Nuestra siguiente cita fue con un miembro del Consejo de Dirección de Casa Amiga, una periodista que desde el comienzo había estado involucrada en el centro de Esther. Se mostró muy satisfecha con el progreso del centro y con la suplente de Esther, en quien tenía plena confianza. Nos confirmó que Esther había logrado muchísimo en Casa Amiga, pero que, "por suerte", había mucha gente confiable que podría reemplazarla para garantizar la continuidad de la organización.

Al terminar fuimos al barrio Anapra, donde se desarrolla la película *Bordertown*. La madre de una chica asesinada había abierto una guardería con el nombre de su hija asesinada, Sagrada. Al principio iban 19 niños, pero en el año de nuestra visita ya asistían 180. Gracias a la guardería, las madres podían irse tranquilas a trabajar a las maquiladoras. No pudimos entrar para ver la guardería porque la señora había dejado las llaves al encargado de limpieza. Fue una lástima. Sin embargo, confiamos en la iniciativa de la entusiasta señora, que nos invitó a tomar un vaso de agua en su modesta casa; la temperatura había ascendido a 40 grados.

Nos llamó la atención ver un poco de progreso en Anapra. Aunque la mayoría de las casas estaban construidas con láminas, también había algunas fabricadas con tabique y piedra, así como algunas papelerías y panaderías. También había más árboles y postes de luz. Por supuesto, habría sido bueno si hubiesen pavimentado las calles.

Por medio de Amnistía Internacional y de los periodistas holandeses recibimos el contacto de un colectivo de abogados de la organización Justicia para Nuestras Hijas, que tenían mucha experiencia en el tema de los feminicidios. Una de ellas, Luz Castro Rodríguez, le ofreció ayuda a Brenda en la investigación del caso de Hester. Nos pareció una oferta estupenda, porque ya habíamos escuchado hablar de estos abogados de mucha fama.

También pudimos contactar a Mercedes Doretti, la directora del Equipo Argentino de Antropología Forense especializado en buscar restos óseos de personas desaparecidas, una labor para la que había adquirido, desgraciadamente, mucha experiencia en Argentina. Luz Castro nos dijo que estaba en contacto con Doretti, así que nos dimos cuenta de que habíamos logrado contactar a una pequeña red de expertos críticos.

Lo último que hicimos ese día fue traducir el folleto de la Fundación Hester en el jardín del hotel, con el fin de poder informar mejor a los periodistas sobre los logros de la fundación. Entre las plantas y las flores la temperatura se había tornado más agradable.

Me topé con un empleado de limpieza, quien me reconoció y me dijo:

—Usted es la señora extranjera que nos visitó por el asesinato de su hija. Como todas nuestras madres, estaba inconforme con el trabajo de la policía. Espero que logre algo en su lucha contra la impunidad.

Me quedé totalmente sorprendida.

El viernes tuvimos una conferencia de prensa y antes de que tomara la palabra, y sin darme cuenta, ya estaban todos los fotógrafos frente a nosotros. Pronto comenzamos a hablar de la historia que ya todos conocían: la muerte de Hester; la poca profesionalidad de la policía, nuestra tristeza por no tener resultados concretos en la investigación, las excusas de la policía ante la falta de resultados a pesar de sus "intensas" investigaciones, la difusión de información en Europa sobre los feminicidios en Ciudad Juárez para hacerle saber a esa gente la gravedad del problema y el trabajo de la Fundación Hester.

Continuamos hablando de los encuentros que habíamos tenido durante nuestra visita y mencioné la confianza que me inspiraba el trabajo de la fiscal Patricia González, que, si bien no había logrado resultados concretos, mostraba mucho más profesionalismo y seriedad que las autoridades de nuestra visita anterior; sobre todo tomando en cuenta que Guadalupe Morfín había declarado frente al Parlamento Europeo que, para encontrar soluciones, se tenían que señalar los errores.

Aunque a la prensa le hubiera gustado escuchar que ya se había encontrado al culpable, tuvimos que decepcionarlos con la noticia de que seguía suelto. Se tomó nota sobre todo lo que habíamos logrado en Europa, cogieron los folletos y los periodistas se fueron satisfechos.

Al terminar la conferencia de prensa fuimos a la casa refugio, abierta en 2004 por Casa Amiga, que tenía un año funcionando de manera independiente. El edificio parecía más una prisión que una casa, protegido con ventanas y puertas con rejas para que los agresores no pudieran entrar fácilmente. Para despistar al enemigo, la casa se conocía como un hospital psiquiátrico. Durante nuestra visita vimos a seis mujeres y 25 niños que se distraían en una amplia zona de juegos.

Ahí también había habitaciones donde los pedagogos podían hablar con los niños, y los psicólogos y doctores con las mujeres. Además había salas donde se ofrecían talleres y terapias de grupo; una sala donde las mujeres podían tejer, una biblioteca infantil y un espacio donde podían ver televisión. También había una cocina muy descuidada donde se cocinaba por turnos.

Los niños y las mujeres se quedaban ahí entre uno y tres meses. Luego podían buscar un hogar y continuar con su vida. En casos especiales, como cuando las mujeres estaban embarazadas, podían quedarse más tiempo. La organización dependía de donaciones, y lamentablemente ese mes no tenía suficiente dinero para pagarle al velador.

La tarde del viernes la habíamos reservado para estar con Esther. Como sospechaba, ella dormía mucho, pues seguía muy cansada. Debido a nuestra visita y a que su cumpleaños caía ese fin de semana, le habían dado un tratamiento especial que la haría sentirse un poco mejor. Estuvo muy lúcida durante la cena, aunque lucía muy frágil y delgada. Al terminar de cenar, el personal de Casa Amiga la sorprendió llevándole mariachis. A ella le dio pena que hubieran gastado dinero en eso, pero a nosotros nos pareció un excelente evento folclórico que no queríamos perdernos. Cuando salimos, me sorprendió el vigilante del estacionamiento al reconocerme y decirme:

—Ayer la vi en la televisión. Usted lucha por justicia igual que las mujeres de aquí. ¡Gracias por su valor!

Sus palabras eran un levantón de ánimo, sin duda.

En un encuentro de último minuto vimos a Lilian Herrera, la nueva comisionada que reemplazaba a Guadalupe Morfín en la Comisión para Prevenir y Erradicar la Violencia contra las Mujeres en Ciudad Juárez. Fue una conversación muy valiosa. Estaba claro que como víctimas de Holanda, a través de la fundación y con el respaldo del embajador de Holanda, poníamos un peso importante en la balanza. De buena fe y con mucho entusiasmo le dimos nuestra impresión positiva sobre la estructura y la labor de Casa Amiga, que había impresionado al embajador de Holanda durante una visita al grado de que quería incluso usarla como modelo para otras ciudades o países. Le comentamos la sorpresa que nos causaba que el gobierno mexicano y esta comisión no hubieran puesto un pie en Casa Amiga, y que con el poco apoyo económico que le brindaban no se podía pagar ni la electricidad. Además dije que me llamaba la atención que su antecesora, Guadalupe Morfín, con quien había tenido contacto frecuente en Europa, había hecho construir parques deportivos kilométricos alrededor de edificios universitarios para embellecer la ciudad, pero que en los barrios marginados no había visto ni uno solo. Ella lo anotó a modo de sugerencia.

En febrero de 2007 se promulgó una nueva ley para sancionar cualquier forma de violencia contra las mujeres. Nos dieron una copia de la misma. Roeland encontró una parte que le llamó la atención: las mujeres y los niños en casas refugio tenían derecho a alimentación, vestido, educación y seguridad. Y la única casa refugio que habíamos visitado en Ciudad Juárez no contaba con fondos suficientes. Roeland dijo: "Si entiendo bien, ¿el lunes pueden llamarla?" "Por supuesto", fue la respuesta. Pero nosotros estábamos escépticos. Nos pareció que se trataba de una medida para guardar las apariencias, al hacer una ley muy bonita con muchas promesas, porque eso es bueno para la imagen como país. Pero después no se hace nada y las cosas siguen como antes. Si uno reclama ante el gobierno, éste siempre encontrará justificaciones para no compensar los daños.

Lilian Herrera nos preguntó si queríamos discutir más a fondo sobre esta ley, pero sería mejor que lo hicieran las abogadas de Casa Amiga y de Justicia para Nuestras Hijas. Promulgar una ley no es suficiente; la justicia llega cuando se cumple lo que ella estipula, y eso no está en nuestras manos.

Dos horas antes de partir a Holanda, tuvimos un encuentro en el aeropuerto de El Paso con la periodista Diana Washington Valdez, quien publicó el libro *Killing Fields, Harvest of Women. The Truth about Mexico's Bloody Border Legacy.* La autora denuncia los malentendidos, la corrupción y la falta de voluntad del gobierno mexicano para resolver los feminicidios. Desde la publicación de su libro, Diana, quien vive en El Paso, no se atreve a pisar Ciudad Juárez. En su libro también narra la muerte de Hester. Para nuestra sorpresa, leímos que el equipaje de Hester sí había aparecido y una fotógrafa había tomado imágenes de la mochila en una comisaría. No podíamos creerlo y queríamos encontrarnos con esa fotógrafa. ¿Entonces sí habían encontrado la mochila de Hester? ¿Dónde y quién? ¿Y podría ser que luego la hubieran desaparecido?

Capítulo 18

LA UNIÓN EUROPEA Y EL GOBIERNO MEXICANO

El feminicidio en América Central y en México se convirtió en un tema frecuente de la agenda política de Bruselas. Siempre me invitaban y yo procuraba estar presente en las audiencias. En 2006 el informe preliminar de Raül Romeva fue criticado duramente, sobre todo por parte de España. Argumentaban que en Europa y en otras partes del mundo también había feminicidio, y ¿era justo que el Parlamento Europeo señalara con el dedo acusador sólo a México?

En 1997 Europa había firmado un acuerdo de libre comercio con México, y ya que el feminicidio había sido calificado oficialmente como una violación de los derechos humanos, era de suma importancia, tanto para México como para Europa, que se pusiera fin a los asesinatos en Ciudad Juárez. Naturalmente las relaciones comerciales también eran importantes…

Después de una reunión en el Parlamento Europeo a la que asistimos, la ex embajadora de México en Holanda, y en aquel momento ante la Unión Europea en Bruselas, Sandra Fuentes, nos invitó a una reunión a la que asistía también la procuradora Patricia González Rodríguez, con quien habíamos hablado hacía poco en Ciudad Juárez. Le entregamos las pertenencias de Hester que habíamos recibido, para una investigación más profunda.

Después de intercambiar las habituales cortesías, la procuradora nos formuló una pregunta. Dijo que le costaba hablar del tema, pero que en México se había reiniciado por tercera vez la investigación de la muerte de Hester, y si Hester estaba enterrada les gustaría hacer una nueva autopsia. Roeland y yo creímos que alucinábamos, nos sentíamos abatidos. ¡Estábamos perplejos! La procuradora reconoció que para nosotros sería algo muy grave y que teníamos que pensarlo, pero estaba hablando en serio y había varias posibilidades: podían trasladar a Hester a México o alguien del Equipo Argentino de Antropología Forense podría ir a Holanda; ella tenía plena confianza en ese equipo. Nosotros también teníamos confianza en los argentinos, que eran patrocinados por la embajada holandesa en México. Nuestra abogada en México también estaba en estrecho contacto con el equipo argentino.

Abrir la tumba de Hester, inhumar sus restos, significaba para nosotros una idea horrible; pero pensándolo más profundamente nos dábamos cuenta de que esa investigación quizá revelaría datos muy importantes, huellas que podrían llevar al autor del crimen; en realidad no podíamos negarnos. Ese hombre tenía que ser castigado y no debería tener ninguna oportunidad para cometer otro crimen. ¿Quién podría negarse a dar esa autorización?

Respiramos profundo, buscamos las palabras adecuadas y preguntamos a la procuradora qué esperaba encontrar. Dijo que esperaba encontrar huellas del homicida, y tal vez restos de droga. Ese argumento me cayó mal. Imagínense que encontraran pruebas de consumo de drogas en Hester, ¿sería menos grave el delito? ¿Sería su propia culpa que la asesinaran? Hester no fumaba ni consumía drogas, pero era posible que el asesino hubiera puesto algo en alguna bebida; para mí eso no cambiaría nada. Guardé silencio.

Alegamos que el informe de la autopsia había demostrado que Hester tenía el estómago vacío y que no había consumido estupefacientes. Pero resulta que la procuradora no tenía mucha confianza en la persona que había redactado el informe; era un hombre de edad avanzada, a punto de jubilarse. Dijimos que teníamos que pensarlo muy seriamente y hablarlo con nuestros hijos. Ella lo comprendía perfectamente.

La procuradora nos dijo que estaba feliz de haber establecido al fin contacto con nosotros. Estábamos sorprendidos: ¿Qué quiso decir? Nosotros siempre habíamos estado dispuestos a hablar con todo el mundo. Y ahí nos enteramos de que Sandra Fuentes y la procuradora habían intentado varias veces entrar en contacto con nosotros a través de Esther Chávez. Finalmente lograron contactarnos a través de la embajada de Holanda. Explicaron que Esther no estaba muy dispuesta a establecer contacto con las autoridades porque durante años ha luchado contra ellas. Y con razón, porque las autoridades no tenían en muy alta estima a grupos de activistas como el de Esther. El hecho de que el gobierno reconociera finalmente sus faltas, para Esther no era razón suficiente para abandonar su desconfianza. Era entendible.

Regresamos a casa aturdidos. Esa tarde nos había traído mucha confusión y una mezcla de sentimientos de tristeza y desesperación. ¿Qué teníamos que hacer? ¿Cómo debíamos contarles todo a Germán y Melisse? ¿Cómo reaccionarían? Otra vez todo estaba muy revuelto. La sugerencia de que el médico forense no hubiera hecho bien su trabajo también nos afectó mucho. En un principio nosotros habíamos tenido nuestras dudas sobre el informe de la autopsia en el que se mencionaba que Hester tenía los ojos color marrón, cuando eran claramente azules, y era nueve centímetros más larga que su estatura real. El color de los ojos lo habíamos considerado como un error, pues la mayoría de los mexicanos tenía los ojos marrones, pero si incluso la procuradora ponía en tela de juicio partes del informe, ¿debíamos cuestionar todo el documento? ¿Era verdad que Hester había perdido el conocimiento antes de ser asesinada? ¿Era verdad que no había experimentado estrés? Me sentía desesperada ahora que la frágil seguridad que teníamos de pronto se desmoronaba. Esa gente había hecho de todo un caos.

¿Cuál era el valor añadido de una nueva autopsia? Con eventuales huellas de ADN todavía no tenían al autor del crimen. Ya sabían, desde hacía mucho tiempo, quién era el asesino; un estadounidense de ascendencia mexicana con marcas de acné en la cara, una cicatriz en la mejilla izquierda y un tatuaje en el brazo. Estuvo tres días alojado en el hotel. Sabían todo sobre él y en la autopsia se habían reunido los datos conforme a la ley, según nos había confirmado Esther Chávez Cano.

Con la información reunida por la policía, se podría haber logrado mucho más. Con el transcurso del tiempo, Roeland había comparado las declaraciones de diversos testigos y saltaba a la vista que la policía había sido muy descuidada. Por ejemplo, tres testigos habían declarado que el sospechoso medía 1.76 metros. Calcular la estatura de una persona en centímetros es algo muy difícil, y era muy improbable que tres personas llegaran a la misma conclusión. Y durante los primeros tres años sólo se había buscado a Roberto Flores en México y no en Estados Unidos. ¿Se podía hablar de una visión muy limitada del caso? Si hubiesen entrado en acción inmediatamente, tal vez habrían obtenido algún resultado, y ahora todos estábamos con las manos vacías.

Naturalmente entendíamos que la amplia difusión del asesinato irresuelto de Hester era una fuente de constante irritación para el gobierno mexicano y que era prioridad resolver el caso. De cualquier manera, teníamos la impresión de que ahora realmente querían detener pronto al asesino.

Al igual que a nosotros, a Germán y Melisse les asustó la idea de exhumar los restos mortales de Hester. Hablé del tema con Esther, con nuestra abogada en México, Luz Castro, y con el embajador holandés. Se pidió información del Equipo Forense Argentino. Ellos prometieron estudiar a fondo el expediente para saber si había suficientes antecedentes que justificaran una nueva autopsia. En una carta a la procuradora, nuestra abogada Luz Castro pidió una definición más exacta del motivo de la investigación. Señaló además que quería pasar esa información también a los expertos de la ONU. Un detalle importante, porque la embajadora mexicana prefería tratar el caso con un "bajo perfil".

Ahora se requería un poder oficial ante notario para que nuestra abogada en México pudiera actuar en nuestro nombre. Ese poder tenía que ser traducido oficialmente. Al parecer los papeles que firmamos en México habían caducado. ¿O era una forma de dificultar las cosas? Esos trámites oficiales costaron mucho tiempo y mucho dinero, pero ¡el notario decidió no cobrarnos!

Me parece que no debemos olvidar la extraña historia de la fotógrafa que grabó en video imágenes de la mochila de Hester. No había tenido problemas para tomarlas, pero cuando fue unas semanas después a la comisaría para hacer más tomas, el equipaje de Hester ya no estaba y la policía insistió en que nunca habían tenido ninguna mochila de Hester, sólo un pequeño bolso de color gris. La policía reaccionó de manera muy agresiva cuando la fotógrafa dijo que ella tenía un video de esa mochila. Yo informé al Ministerio de Relaciones Exteriores holandés sobre este tema.

La fotógrafa vivía en Los Ángeles, pero no quería entregar las grabaciones a nadie, ni siquiera quería proporcionar una copia. Ella se ocupaba desde hacía mucho tiempo de los feminicidios, y se había vuelto muy desconfiada. Finalmente el ministerio propuso enviar a alguien del consulado holandés a su casa para recibir el material. Era de esperar que no desconfiara de un funcionario diplomático.

A principios de 2008 un personero del Ministerio de Relaciones Exteriores de Holanda efectuó una visita a Casa Amiga, en compañía de nuestro contacto en dicho ministerio. Los dos volvieron muy entusiasmados: vieron en Casa Amiga a una organización accesible y acogedora. Esther Chávez había vuelto a trabajar y su salud estaba mejorando milagrosamente. No trabajaba tiempo completo, pero faltaba poco. Ese año cumpliría 75 años.

En Casa Amiga los diplomáticos mantuvieron una conversación con nuestra abogada Luz Castro y con la procuradora Patricia González Rodríguez sobre el caso Hester y el motivo de la investigación, que seguía sin definirse. Además hablaron acerca del retrato hablado, que debería ser ajustado porque habían pasado muchos años. El gobierno mexicano nos había enviado 32 copias del retrato, con la misma cara repelente de hacía años. No adjuntaron ninguna explicación y mi reacción era previsible: "Mira, otra vez no han actualizado el retrato. ¡Ahí no saben hacer nada!" Pero nos informaron que para actualizar un retrato hablado se necesitaban fotografías de los padres y abuelos, y estaba claro que no las tenían. La propuesta de la procuradora de actualizar el retrato había sido prematura y poco realista.

Las pertenencias de Hester que entregamos habían sido examinadas a fondo, sin ningún resultado. Entretanto el equipo forense argentino había estudiado meticulosamente el expediente de Hester, y llegado a la conclusión de que una exhumación no tenía ningún sentido. Cualquier hallazgo no contribuiría en nada a aumentar la carga de la prueba contra el homicida, en caso de una eventual detención. Esa propuesta de la procuradora había sido aventurada.

Finalmente no supimos nada de la grabación en video de la mochila de Hester. La embajada holandesa seguía intentando tener contacto con la fotógrafa, sin resultado alguno.

Nosotros estábamos tranquilos de que Hester pudiera seguir donde estaba. ¡Al menos nos fue posible cerrar ese capítulo!

Capítulo 19

AVANCE EN EL PARLAMENTO EUROPEO

En octubre de 2007 se realizó en el Parlamento Europeo la votación definitiva sobre la resolución "Feminicidio en México y América Central y el papel que la Unión Europea debe desempeñar para combatirlo", presentada por el eurodiputado Raül Romeva i Rueda. La resolución fue aprobada con una mayoría abrumadora, 560 de los 570 votos. La madre de Brenda Searle y yo estábamos presentes ¡y nos sentíamos tan aliviadas! Esta resolución sería un instrumento para los socios comerciales de México, para obligar al país a defender los derechos humanos y combatir la violencia contra las mujeres.

Poco antes de la votación se produjo un momento de tensión: un parlamentario había propuesto eliminar tanto el nombre de Hester como el de Brenda y reemplazarlos por "víctimas europeas". Afortunadamente mediante unas llamadas telefónicas pudimos evitar ese cambio. "Víctimas europeas" suena mucho menos personal que "Hester y Brenda".

Nos invitaron a una conferencia de prensa que fue casi completamente en español. Al final de la sesión hubo espacio para que los periodistas pudieran entrevistarnos.

¿Qué significaba esta resolución? ¿Qué decía? De ahora en adelante la Unión Europea exige de México y América Central que se tomen medidas para evitar la violencia contra la mujer. La resolución señala:

> Debe entenderse por violencia contra la mujer cualquier acción o conducta, basada en su género, que cause muerte, daño o sufrimiento físico, sexual o psicológico a la mujer, tanto en el ámbito público como en el privado.

Por supuesto, todos los países que participaron positivamente con su voto estaban de acuerdo. Ello significa que la Unión Europea le señala a México medidas que deberían tomarse y agrega consejos para conseguirlo. Pero no siempre es posible poner en la práctica esas medidas, y por ello el Parlamento Europeo pretende iniciar programas de colaboración en México y ofrecer al país medios financieros y técnicos. Para ese fin el Parlamento Europeo pide a los gobiernos nacionales:

> Que apoyen las políticas de prevención y protección en materia de violencia contra las mujeres, como la creación o el refuerzo de programas de sensibilización y formación en materia de problemáticas relativas al género [...]
>
> Que creen sistemas de protección eficaces para los testigos, las víctimas y sus familias [...]

> Que fortalezcan la capacidad de los órganos judiciales, los cuerpos de seguridad y las fiscalías generales para perseguir y punir a los responsables y luchar contra el narcotráfico y el crimen organizado.

Todo ello significa un papel importante para la Unión Europea en la lucha contra el feminicidio en México y América Central, y una mayor oportunidad de combatir la impunidad y llamar la atención a las autoridades mexicanas.

El Parlamento Europeo instó además:

> A los gobiernos de Centroamérica y México a que respeten y faciliten la acción de las ONG y de las organizaciones de la sociedad civil encargadas del apoyo a las víctimas de feminicidios, a que respeten a los familiares de las víctimas y a las defensoras y los defensores de los derechos humanos creando un sistema de protección eficaz para los testigos y promoviendo mecanismos de reparación para las familias de las víctimas que, aparte de la indemnización financiera, les presten apoyo psicológico y les faciliten el acceso a la justicia, a que establezcan un diálogo con estos interlocutores y a que reconozcan el papel fundamental que desarrollan en la sociedad.

Hasta ese momento no era inusual que abogados y jueces que defendían a las víctimas fuesen asesinados. ¡La protección era más necesaria que nunca!

En el pasado, presuntos autores de crímenes fueron convertidos en chivos expiatorios y frecuentemente fueron torturados para lograr "confesiones". Para el Parlamento Europeo esto era inaceptable. El Parlamento pidió además a México y los países de Centroamérica:

> Que garanticen los derechos laborales de las mujeres, en las legislaciones nacionales y en todos los niveles del Estado, así como que supervisen a las empresas para que respeten, en el marco de la responsabilidad social corporativa (RSC), la integridad, la seguridad, el bienestar físico y mental y los derechos laborales de sus trabajadoras.

Hasta ese momento y para el caso específico de las mujeres no había sindicatos y las trabajadoras no estaban organizadas, ni podían presentar reivindicaciones conjuntas. A las mujeres embarazadas sencillamente se les decía que buscaran otro trabajo.

De ahí en adelante las organizaciones no gubernamentales y las delegaciones comerciales preguntarían siempre al gobierno de México sobre la situación de la violencia contra las mujeres y el feminicidio. Se controlaría meticulosamente si los familiares de las víctimas y organizaciones como Casa Amiga eran involucrados en el proceso judicial. Todas estas medidas estaban concretamente orientadas a los gobiernos de México y de América Central.

Según los datos oficiales, fueron asesinadas 6 000 mujeres y niñas en México entre 1999 y 2006. Tan sólo en 2004, 1 205 mujeres jóvenes cayeron víctimas de asesinato. Y finalmente el informe hizo mención de las dos víctimas holandesas:

> Dos casos emblemáticos son los de dos mujeres europeas asesinadas en México, Hester van Nierop, en 1998 en Ciudad Juárez, y Brenda Susana Margaret Searle, en 2001 en Chichén Itzá (Yucatán). La falta de esclarecimiento con respecto al asesinato de Hester van Nierop y la lentitud del proceso penal contra los asesinos de Brenda, muestran considerables insuficiencias del aparato judicial.

Los dos autores del asesinato de Brenda fueron condenados a 33 y 39 años de cárcel, pero apelaron la sentencia.

Según fuentes oficiales, en los últimos 25 años se produjeron 34 176 muertes violentas de mujeres. Un promedio de 20 mujeres por día fueron asesinadas en México. Casi 7 000 de esos crímenes ocurrieron entre 2005 y 2009. El país no cuenta con un sistema de estadísticas que permita conocer con exactitud el número de feminicidios cometidos.

A pesar de todo, el gobierno mexicano había logrado importantes avances en el procedimiento judicial. Un día, recibí por correo electrónico desde México una noticia alentadora: el 14 de septiembre de 2007, por primera vez, una persona fue acusada de feminicidio, crimen de odio contra las mujeres. En parte gracias a Marcela Lagarde, catedrática en la Universidad Nacional Autónoma de México, se aprobó la ley para castigar el feminicidio en México. La legislación garantiza a las mujeres "una vida libre de violencia". Las organizaciones no gubernamentales se mostraron muy entusiastas sobre esta nueva ley, y con razón.

Sin embargo, de Esther Chávez llegó una noticia negativa: el nuevo presidente mexicano, Felipe Calderón, calificó el feminicidio en Ciudad Juárez de "mito". Como se podrá entender, Esther estaba furiosa.

Capítulo 20

UN LARGO CAMINO POR DELANTE

Además de todas las acciones diplomáticas, también se produjeron acontecimientos muy especiales y simpáticos. Un amigo de mi hermana Lon se acercó a mí durante una fiesta de cumpleaños. Era director de un coro. Los integrantes habían oído hablar de la Fundación Hester y querían contribuir a nuestra labor con la representación de una obra de Purcell: *Dido and Eneas*. La obra se podría presentar en casa de mi hermana, pero me parecía mejor buscar un lugar más espacioso. No fue fácil encontrar algo, pero de repente un reverendo nos ofreció su iglesia. El hombre se compadeció de nosotros y supo por Roeland que habíamos logrado usar nuestra tristeza para brindar ayuda a las mujeres de Ciudad Juárez. Era una oferta maravillosa porque podríamos unir el coro a la iglesia.

En el edificio cabían mínimo 300 personas y el concierto se celebraría un domingo en la tarde, en noviembre. Trabajamos duro: se diseñaron carteles e invitaciones con la fotografía de los crucifijos de color rosa de la masacre del campo algodonero, y claro está que el anuncio se publicó también en nuestro sitio web. De los amigos de la Fundación Hester muchos se ofrecieron para ayudar: se repartieron 3 000 anuncios en el vecindario. Los carteles se colgaron en los centros comerciales, y Roeland vendió entradas en su tienda.

Suena extraño para una iglesia: todas las entradas se agotaron; 350 personas asistieron al concierto. El reverendo reconoció que le daba cierta envidia tal asistencia. La iglesia era muy bonita y la acústica muy buena, por lo que el concierto fue un éxito. Me parecía tan especial ver a toda esa gente que había venido a escuchar. En esa iglesia repleta conté la historia de Hester, y por el silencio supe que todo el mundo estaba impresionado.

Y naturalmente Hester metió mano: en medio del concierto vi que el piano de cola corría hacia el borde del podio y, antes de que pudiera hacer algo, un pie del instrumento bajó un escalón. El pianista seguía tocando impasiblemente; unos hombres fuertes levantaron el piano, lo colocaron en su lugar de nuevo y pusieron el freno. El pianista tocaba y el coro cantaba. Fue un domingo memorable.

Nueve años habían transcurrido. Germán y Melisse parecían fuertes y equilibrados con sus respectivos amores, Sylvia y Folkert. Nació nuestro primer nieto; nuestra familia estaba bien. Gracias al concierto, casi todos los clientes de la tienda de Roeland supieron de la muerte de Hester, pero ahora él lo llevaba mejor que antes.

Pero no todo fue de color rosa. A finales de mayo de 2008 recibí un correo electrónico de nuestra abogada en México. La habían amenazado de muerte y ella había presentado una denuncia ante la procuradora Patricia González Rodríguez. Escribí una carta al presidente de México, Felipe Calderón, con copia a la procuradora, expresando mi profunda preocupación sobre los poderes y las fuerzas en el país que opinan que "pueden tomar la justicia por su propia mano".

Expresé la esperanza de que él —Felipe Calderón— tomara medidas para proteger a mi abogada de manera apropiada, para que en México también reinara la justicia. Envié la carta a través de la embajada de Holanda, que por su parte escribió otra carta en la que expresaba su preocupación. Desde el Parlamento Europeo se envió otra misiva de contenido parecido.

1

"Qué suerte tenemos, que felices somos...", una frase que antes habíamos pronunciado muy a menudo y que ahora suena como de otra vida, muy lejana, cuando todo era todavía normal. Cuando apenas conocíamos el dolor.

El asesinato de Hester ha cambiado nuestra vida drásticamente. Hay una vida antes y otra vida después de su muerte. Antes de 1998 no era muy consciente de la felicidad ni de la facilidad con la que enfrentábamos la vida. No quiero decir que no era feliz o que no conocía la tristeza, pero no era consciente; daba la vida por sentada, incluso los momentos bellos y menos bellos. Después de la muerte de Hester no doy nada por sentado, pienso de manera más profunda sobre todo.

Miro a mi nieto, Syme, de un año. Gozo mucho de él, y él, aunque es muy pequeño, me da momentos de profunda alegría, pero no puedo dejar de pensar: ¿Cuánto tendrás que sufrir? ¿Qué te espera en la vida? Cada niño ya lleva la alegría, pero también el dolor, de su futura vida.

La ingenuidad desapareció para siempre. Cuando me doy cuenta de estas cosas, una negra sombra opaca mis pensamientos. Y veo a Hester, que entra saltando y sonriendo alegre. Se me cierra la garganta y mis ojos se llenan de lágrimas. Esa imagen me vuelve a la cruda realidad: Hester, que era parte de nuestra felicidad, está muerta. Alguien simplemente la asesinó, se dio vuelta y continuó con su vida.

A pesar de todo, nosotros hemos logrado retomar nuestra vida. La vida vuelve a tener brillo, me atrevo a decir que estoy bien. Sin embargo ha llevado mucho tiempo. Naturalmente sigo sintiendo el dolor, ese no desaparecerá nunca, y no es necesario, pero no me impide encontrar momentos bellos.

"Si soñar un poco es peligroso, la cura no es soñar menos, sino soñar todo el tiempo", dijo Marcel Proust.

Epílogo

LOS ACONTECIMIENTOS DESPUÉS DE LA PUBLICACIÓN DEL LIBRO

Exactamente diez años después del asesinato de Hester entregué el primer ejemplar de mi libro a la entonces presidenta de la segunda cámara del parlamento holandés, Gerdi Verbeet, en presencia de representantes de Amnistía Internacional y de la organización holandesa Ayuda a las Víctimas (Slachtofferhulp). Nuevamente Hester y la Fundación Hester estaban en el centro de la atención mediática. Nunca habría podido llevar a cabo lo que hice sin el constante apoyo de mi entorno: mi familia, los directivos de la fundación y mis amigos. Me dio la sensación de que todo el mundo seguía queriendo a Hester y eso me infundió la energía vital para continuar.

Esther Chávez estaba al tanto del progreso que hicimos y me señaló la importancia del libro. Lamentó que no se haya podido traducir inmediatamente. Mientras estaba enferma de gravedad, Chávez escribió sobre sus experiencias. Desgraciadamente su libro se publicó hasta poco después de su muerte. En el último año de su vida recibió el Premio Nacional de los Derechos Humanos por su labor por las víctimas de violencia y sus familiares en Ciudad Juárez. El otorgamiento de ese galardón a Esther Chávez dejó claro que ya no se podía ocultar el tema de la violencia en México. Era el reconocimiento de la necesidad de la existencia de una institución como Casa Amiga. En noviembre del mismo año le fue entregado el premio Madre María Luisa Reynoso. Su hermano lo recibió en su nombre, pues Esther estaba demasiado grave para estar presente. El 26 de diciembre de 2009, recibimos la triste noticia de su muerte. Nos dejó las siguientes palabras:

> He caminado por muchos senderos, en los que he encontrado muchas otras voces, de mujeres y de hombres, que me han enseñado a respetar y a defender la dignidad de las mujeres, como la mejor forma de respetar y defender la dignidad del género humano.
>
> El trabajo que nos queda por hacer es mucho, el camino por delante es largo y arduo, pero llega el momento de que mi voz se apague para que se escuchen nuevas voces que lleven adelante la causa de las mujeres, que como dije, es también la causa de los hombres, porque es la causa de una sociedad más justa, más democrática.

Claro está que la muerte de Esther tendría consecuencias para nosotros. ¿Cómo seguiría adelante Casa Amiga? En Esther podíamos apoyarnos; sabíamos que era entusiasta e inspirada, que tenía conocimiento e ideas. ¿Cómo podríamos encontrar a alguien que pudiera estar a la altura de ella?

Pero Esther, durante su enfermedad, se había dado cuenta de que su vida estaba llegando a su fin y había preparado a Irma Casas para sucederla. Irma trabajaba de manera muy cuidadosa. No daba ningún paso del que no pudiera calcular el efecto. Nos dimos cuenta, porque rechazó inmediatamente una propuesta por nuestra parte de ampliar Casa Amiga y nos explicó que no lo quiso hacer porque en ese momento no tenía suficiente conocimiento para evaluar las consecuencias de una acción así.

Me inpresionó la motivación de Irma para aceptar el cargo de directora de Casa Amiga:

> Opté por esta organización y apoyo plenamente su misión. Por una parte, porque en mi vida tampoco pude eludir la violencia machista. Trabajar con estos temas de alguna manera cierra el círculo. Por otra parte tengo una ciega confianza en la capacidad de la mujer de cambiar su destino. Para mí Casa Amiga simboliza el comienzo de la lucha contra la violencia contra la mujer y los niños en Ciudad Juárez. Además ofrece posibilidades de un verdadero cambio de vida. Es un trabajo honesto y los cambios son importantes.
>
> Una de nuestras labores más importantes es la interminable lucha de poner fin a la violencia contra las mujeres y los niños. Pero ¿cómo hacerlo? Dándoles fuerza y presentándoles los medios para poder ser libres para elegir lo que quieran, para que sean conscientes de que es posible poner fin a años de violencia, años de dolor. Les hacemos saber que no están solas, que somos una familia grande.

Irma, con apenas 35 años cumplidos, procura que los jóvenes se concienticen de la problemática actual. Se iniciaron talleres para chicos y chicas entre 12 y 17 años sobre "la adicción en sus distintas formas". En estos talleres se les muestra a los jóvenes hasta qué punto una adicción puede entorpecer la vida normal. Casa Amiga ha cambiado la vida de muchas mujeres. He aquí la reacción de una participante:

> Aprendí a no llorar en todas las partes y no sentirme siempre triste. Aprendí a decir no. Aprendí a perdonar y a tener autoestima. Aprendí que la violencia no soluciona nada. Así yo mejoré. Me siento mucho mejor y más feliz.
>
> E. M. Claribel

¿Y Casa Amiga?

Casa Amiga fue fundada en 1998, el año en que Hester fue asesinada. En 2008, la Fundación Hester celebró su décimo aniversario con una contribución extra de 10 000 dólares en señal de reconocimiento a su labor. Generalmente, la organización recibe una suma fija por trimestre, establecida por el Consejo de Dirección. A veces, en caso de proyectos especiales, se dona una cantidad extra.

Desde el comienzo Irma Casas optó por una colaboración transparente con sus donantes. Por primera vez recibimos un informe financiero y social, y nos mandó una relación mostrando que todos esos años la Fundación Hester había contribuido con una octava parte de los ingresos de Casa Amiga. Por supuesto, estaban muy agradecidos por el apoyo desde Holanda, y nos informaban sistemáticamente en qué se gastaba el dinero. La psicóloga, cuyo salario fue financiado por la fundación, prestó ayuda terapéutica a más de 2 000 personas, en su mayoría mujeres (un 90%), y en casi todos los casos con terapia de grupo.

Mientras las madres recibían terapia, más de 2 000 niños recibieron atención en la guardería. Unos 700 niños víctimas de abuso sexual fueron tratados por una pedagoga, igualmente financiada por la Fundación Hester. En parte era terapia de grupo, pero en algunos casos los niños recibieron tratamiento individual.

En 2009 Casa Amiga inició, con la ayuda de la Fundación Hester, un nuevo proyecto: "La escuela para madres y padres", que parte de la educación como un factor decisivo en procesos sociales. Mediante conversaciones, talleres y material de instrucción, tanto hombres como mujeres aprenden que es posible construir una vida en la que las parejas se respetan mutuamente. Al mismo tiempo se inicia así un proceso de transformación en mujeres que han sufrido la violencia. Este proyecto se concentra en adultos, sin descuidar a niños y adolescentes. Llegaron solicitudes para este proyecto del sector empresarial y de la enseñanza. Se puede asistir a "La escuela para madres y padres" en Casa Amiga, pero la organización proporciona también cursos en fábricas, instituciones municipales, jardines de niños, escuelas de enseñanza primaria y secundaria.

Así las mujeres de Ciudad Juárez se hacen más independientes y ambas partes aprenden sus derechos y obligaciones. Casa Amiga espera romper de esta manera con la cultura patriarcal que domina la sociedad mexicana y cambiar poco a poco la posición sumisa y dependiente de las mujeres.

En los últimos decenios el rol de la mujer en el mercado laboral de Ciudad Juárez ha adquirido más importancia: ellas forman 60% de la población laboral. Lamentablemente este avance económico no ha ido a la par de una mayor independencia. Antes eran sus padres y sus cónyuges quienes decidían por ellas, ahora son los jefes. Muchas mujeres tienen hijos a una edad muy temprana, a los 16 años, por lo que abandonan sus estudios. Casa Amiga pone énfasis en la enseñanza para estas mujeres.

Debido al aumento de violencia, también se han asumido otras tareas, por ejemplo ayudar a convivir con el dolor y atenuarlo en la medida de lo posible. Esta ayuda está específicamente dirigida hacia las mujeres y los niños. La situación se agrava por el miedo que reina en Ciudad Juárez. En caso de asesinato o violación, las víctimas deberían acudir a las instancias oficiales, y sólo para otras formas de violencia doméstica deberían acudir a Casa Amiga; pero muchas veces ellas tienen tanto miedo que no se atreven a presentar una denuncia o a pedir ayuda. La causa: la impunidad, el problema de fondo en esta ciudad. "Si presento una denuncia, la posibilidad de que hagan algo es pequeña; si cuento lo que sé, el riesgo para mí es muy grande." Así que la gente no denuncia y las autoridades sostienen que no pasa nada. Un círculo vicioso. Para romper este círculo perverso una de las estrategias es informar a los medios internacionales sobre la situación en Ciudad Juárez. Quizá algún día el mensaje llegue a las autoridades.

¿Y cómo le fue a la Fundación Hester? Algunas estampas

Ayuda de las hermanas franciscanas

Los medios prestaron mucha atención al décimo aniversario de la muerte de Hester. El programa *Netwerk* me acompañó nuevamente a Ciudad Juárez para observar cómo avanzaba Casa Amiga. En ese momento Esther pasó por una ligera mejora y con orgullo nos mostró su obra. Nosotros participamos en un taller donde mujeres contaban sobre su vida afectada por la violencia y sobre las decisiones que habían tomado para seguir adelante.

Una de las mujeres optó por quedarse con su esposo, después de 15 años de violencia doméstica. Juntos se sometieron a una terapia para hablar en lugar de recurrir a la violencia. Otra mujer decidió divorciarse y Casa Amiga le ayudó a conseguir la pensión alimenticia para sus hijos. Una tercera mujer contó que gracias a la terapia se sentía tan bien que incluso en el trabajo habían notado su mejora. *Netwerk* hizo un programa de televisión sobre nuestras experiencias.

Una de las hermanas franciscanas vio el programa y nos invitó. Esta conversación desembocó en la ayuda de las franciscanas a un nuevo proyecto que comenzó Casa Amiga en 2010, el Programa de Prevención e Intervención de la Violencia de Género e Inequidad para las mujeres de Ciudad Juárez. El proyecto duró hasta mayo de 2011. Más de 4 000 mujeres recibieron ayuda urgente, más de 2 000 mujeres fueron atendidas con asesoría jurídica, más de 6 000 personas fueron informadas sobre la prevención de la violencia y casi 300 profesores siguieron un curso de prevención de violencia. Se alcanzaron de sobra los objetivos establecidos, por lo que la Fundación Hester propuso a las hermanas franciscanas una extensión del proyecto, aumentado con terapia para mujeres después de haber sido asistidas en una situación de crisis.

Mujeres, hombres y jóvenes recibieron información sobre el sistema judicial, para conocer sus derechos y deberes. Los profesores seguían cursos específicos. El proyecto duró hasta marzo de 2013 y de nuevo se alcanzaron ampliamente las metas.

Inauguración de la biblioteca

También recibimos ayuda de las Soroptimistas. Ellas recaudaron fondos para nosotros y con el dinero se pudo crear una biblioteca en Casa Amiga, donde se colocaron los numerosos libros que Esther había coleccionado. Con plena tranquilidad las mujeres podían leer en la biblioteca sobre infinidad de temas, entre ellos cómo evitar la violencia.

La conferencia en honor a Hester

Uno de los objetivos de la Fundación Hester es, en lo posible, informar sobre la situación en Ciudad Juárez. Por eso organizamos en 2010 una conferencia en honor a Hester. Gerdi Verbeet, la entonces presidenta de la Segunda Cámara del Parlamento, dirigió el debate. Entre otras cosas dijo:

> Quien en la vida privada es víctima de violación de su derecho elemental, tiene que poder confiar en las autoridades, que procuran que se administre justicia y deben garantizar un veredicto independiente. Y si las autoridades de un país no son capaces de hacerlo, otros países deben alzar su voz.

Wil Pansters, catedrático de estudios latinoamericanos en Holanda, puso en perspectiva histórica y cultural los actuales desarrollos en Ciudad Juárez. ¿Qué pasa ahí? ¿Por qué se produce precisamente ahí esa escalada de violencia y qué dice eso sobre la calidad de la democracia y del Estado de derecho en México? Pansters considera que la población local puede desempeñar un papel muy importante para resolver el problema. Las mujeres adquieren fuerza si se unen, como lo hicieron las Madres de la Plaza de Mayo en Argentina, y pueden ejercer presión desde abajo, opina el catedrático. No es tan fácil para las autoridades hacer caso omiso de la presión interior como lo es de la presión del exterior, porque si la queja viene del pueblo, se crea un riesgo electoral, lo que es una amenaza grande para la política, siempre según Pansters.

Encuesta

En 2010 la Fundación Hester organizó una encuesta entre amigos de la fundación para saber qué era importante para ellos. Les presentamos una serie de proyectos, dirigidos a aumentar la seguridad de las mujeres. De esta encuesta surgieron ideas para un curso de autodefensa y posibilidades de enseñanza. Estas ideas se realizaron en los años posteriores.

Transparencia financiera

Para garantizar la transparencia financiera, publicamos en 2011 todos los informes financieros anuales desde 2005. Además de ello, la fundación adquirió una imagen más firme, gracias al logotipo desarrollado por Germán, el hermano de Hester.

Concurso de fotografía

Surgió la idea de que Casa Amiga organizara un concurso de fotografía en Ciudad Juárez. Sería otra manera de difundir la situación de las mujeres en Juárez y la violencia diaria. Esperábamos que contribuyera a un cambio y finalmente a una mejora de la vida de estas mujeres. El tema: "Hay más que furia y dolor, más que horror... ¡hay esperanza!" Las mujeres tenían que visualizar su futuro para que así se concientizaran de la posibilidad de determinar su propio porvenir. Un jurado independiente entregó tres premios, y los miembros del jurado dijeron que verían con muy buenos ojos que se repitiera la experiencia. Este proyecto fue patrocinado por Lemontree, una empresa amiga de la fundación. En Juárez, Casa Amiga organizó una exposición de las fotos. La fundación las expuso en un magno evento en La Haya en 2012, bajo el título "Arte de la Esperanza".

El proyecto, organizado por uno de los amigos de la fundación, fue un éxito rotundo. El municipio de La Haya nos patrocinó, poniendo a disposición el Atrium del Ayuntamiento. Este espacio precioso fue el centro de la exposición. Todo el día, visitantes del municipio pasaron por la sala y pudieron admirar las obras de arte.

Veintisiete artistas holandeses donaron 29 obras de arte con el tema "La esperanza". El primer asistente del alcalde de La Haya inauguró la exposición, que duró dos semanas y finalizó con una subasta de las obras realizada por la casa de subastas Christie's. El resultado fue excelente: 15 000 euros, destinados para el curso de autodefensa que se impartiría en Casa Amiga a mujeres que ya habían estado en terapia.

Hubo una enorme difusión en los medios de comunicación, también a nivel internacional. En el portal español de Radio Nederland se publicó un video que reflejó muy bien el ambiente de la exposición y de la subasta. Así todo el mundo en Casa Amiga pudo ver que en Holanda había mucha atención para las mujeres de Ciudad Juárez.

Pero en los medios mexicanos también se prestó, inesperadamente, mucha atención a la exposición "Arte de la Esperanza". Siempre se citaba que el municipio de La Haya, la ciudad del derecho internacional y de la paz, había abierto sus puertas para darles voz a las mujeres de Ciudad Juárez. ¡Muy especial!

Inmediatamente después se inauguró cerca de Ámsterdam una exposición de la artista conceptual británica Tamsyn Challenger. La muestra era una denuncia de la violencia contra la mujer en el mundo entero y consistió en 175 retratos de mujeres desaparecidas y asesinadas, creados por 175 artistas internacionales. Una de las mujeres retratadas es Hester. Yo había visto esta exposición anteriormente en Londres y opinaba que también debía poder verse en Holanda. La exposición estaba de gira por el mundo, para denunciar la violencia en Ciudad Juárez y en otras partes del mundo.

Wil Pansters habló nuevamente en la inauguración para informar sobre la actual situación política en Ciudad Juárez. Yo también pronuncié un breve discurso. Recibimos donaciones por 3 000 euros para la Fundación Hester. ¡Otra contribución para el curso de autodefensa! Esta exposición también fue organizada por dos amigos de la Fundación Hester y nuevamente tuvimos mucha atención en los medios, tanto en televisión como en prensa escrita.

Curso de autodefensa

La idea de un curso de autodefensa surgió de la encuesta. Casa Amiga la recibió con mucho entusiasmo. La organización siempre está en busca de nuevas estrategias para prevenir la violencia, proteger y fortalecer a las mujeres, así como promover la recuperación emocional. Casa Amiga redactó un plan para un curso de autodefensa, que comenzó a finales de 2011 y que fue financiado totalmente por la Fundación Hester.

El instructor, un renombrado especialista en artes marciales, optó por una combinación de diferentes técnicas que han sido desarrolladas a lo largo de los años. Cincuenta mujeres que habían sido sometidas a terapia siguieron el curso en 2011. En 2012 lo tomaron las colaboradoras de Casa Amiga y otro grupo de mujeres. La fundación recibió un informe final sobre el contenido de las clases y el informe financiero, así como fotografías y testimonios.

Skype con Casa Amiga

En 2013 mantuvimos las primeras conversaciones por Skype con Irma Casas. Siempre me había dado un poco de miedo hablar por Skype, porque temía no poder entender todo en español. Pero había en nuestro consejo de dirección una persona que habla fluidamente el español, y así me atreví a dar ese paso y tuvimos, con rapidez y total claridad, conocimiento sobre las acciones a emprender.

El Parlamento Europeo sobre el feminicidio

Cada vez que se hablaba en el Parlamento Europeo sobre el feminicidio, la Fundación Hester estaba presente. Además de representantes de España, Guatemala y Honduras, hablaban promotores de las diferentes disciplinas de los derechos humanos, entre ellos: Andrea Medina Rosas, del Comité de América Latina y el Caribe para la Defensa de los Derechos de la Mujer; Kerrie Howard, de Amnistía Internacional Estados Unidos, y Rosa Celorio, de la Comisión Interamericana de Derechos Humanos. Su conclusión: a pesar de todas las promesas de las autoridades mexicanas, había muy poco progreso.

El gobierno holandés acude a la CIDH

Considerando que en la investigación sobre el asesino de Hester la policía y la justicia local y nacional no habían logrado ningún progreso importante a lo largo de los años, nuestra abogada en Ciudad Juárez, Luz Castro, nos propuso presentar el caso a la Comisión Interamericana de Derechos Humanos en Washington. Afortunadamente el Ministerio de Relaciones Exteriores holandés asumió esa responsabilidad en 2009 y abogados profesionales prepararon la denuncia. El caso de Hester se presentó en 2011, junto a otros seis casos. La fundación está muy satisfecha con este proceder: significa que la queja sobre el procedimiento judicial en México ha sido presentada a la CIDH y se crea la posibilidad de que se insista ante las autoridades mexicanas para que tomen en serio las quejas de las mujeres y las traten con justicia.

El 1° de diciembre de 2009 la Corte Interamericana de Derechos humanos dictó una sentencia importante: el gobierno mexicano fue declarado culpable de negligencia en la investigación de los asesinatos de tres mujeres que fueron encontradas en 2001 en un campo algodonero en Ciudad Juárez.

Marieclaire Acosta

En 2010 tuve un encuentro muy especial con la doctora Marieclaire Acosta, catedrática y experta en derechos humanos de renombre y miembro de la directiva de la Comisión Interamericana de Derechos Humanos. Fue nombrada titular de la cátedra de la UNESCO en Educación por la Paz, la Democracia y los Derechos Humanos en 2010, en la Universidad de Utrecht, donde pronunció su discurso, en el que se refirió extensamente a la violencia, específicamente contra la mujer, el Estado de derecho y la democracia en México en la actualidad.

La policía nacional de Holanda involucrada en el caso Hester

Gracias a Peter Slort, funcionario policial del KLPD (Cuerpo de servicios policiales nacionales de Holanda), que en 2010 efectuó varias visitas a Ciudad Juárez, el sospechoso del asesinato de Hester, Roberto Flores, fue identificado como un conocido de la justicia mexicana. El hombre es conocido por cinco diferentes identidades. Su foto y sus huellas dactilares han sido relacionadas a esas cinco identidades y han sido divulgadas en el mundo entero. A Peter Slort le aseguraron que ahora se desarrolla una profunda investigación técnica (que incluye pruebas de ADN) cuando se produce un asesinato de una mujer en Ciudad Juárez. Él está convencido de que el caso Hester ha contribuido en gran medida a este avance.

Condecoración y visita de Estado a México

También hubo un sorpresivo reconocimiento, pues en 2009 recibí del alcalde de La Haya, en nombre de la reina de Holanda, la condecoración de Caballero en la Orden de Oranje Nassau.

En noviembre de 2009 el gobierno holandés y la reina Beatriz efectuaron una visita oficial a México. Una nota de prensa reveló que la visita se efectuaba porque ambos países compartían los mismos valores, entre otros en el terreno de los derechos humanos. Antes de la visita la reina Beatriz, el príncipe Guillermo Alejandro y la princesa Máxima solicitaron que les informáramos sobre nuestras experiencias con la policía y la justicia en México, y para ello fuimos convocados una tarde al palacio. Claro está que a nosotros como padres de Hester nos pareció muy especial que nos invitaran. El príncipe había leído mi libro de un tirón y quiso saber todo sobre nuestra experiencia con la policía en México y sobre el progreso en el caso de Hester. En parte gracias a esta conversación, la reina habló sobre la situación en Ciudad Juárez durante su visita a México.

Una de las consecuencias de esta visita fue que dos instructores de la policía holandesa viajaron a México para capacitar policías.

La Fundación Hester: una organización transparente

Tanto en 2011 como en 2012 la Fundación Hester figuraba entre las 50 organizaciones con fines benéficos más transparentes de Holanda. Esta lista se elabora cada año con base en la estructura de las diferentes organizaciones que apoyan causas nobles. Se juzga la transparencia, el involucramiento de expertos en establecer los objetivos, la colaboración con otras instancias y el control de la organización. El estudio fue efectuado por la Universidad de Erasmo de Rotterdam. El hecho de figurar en la lista significa que la organización benéfica tiene una gran posibilidad de tener un mayor efecto social positivo.

Ataque armado a la casa refugio

En 2010 una casa refugio fundada por Esther Chávez en Ciudad Juárez, la casa Sin Violencia, fue invadida por 14 hombres, entre ellos seis policías armados hasta los dientes. La actitud de los hombres fue muy amenazante para las mujeres que se encontraban refugiadas en la casa. Muchas de ellas precisamente buscaron refugio en la casa para huir de sus violentos cónyuges, entre ellos también unos policías.

En una carta dirigida a las autoridades responsables, la fundación expresó su preocupación sobre lo ocurrido, insistiendo en el enjuiciamiento de los responsables. Una copia de la carta fue enviada a las instancias holandesas. Amnistía

Internacional organizó una "acción relámpago", animando al público a enviar cartas parecidas a las autoridades mexicanas.

No fue para nada sorprendente que a finales de 2010 la embajada holandesa en México me recomendara no viajar a México. Poco después, dos activistas de derechos humanos fueron asesinadas en México; una de ellas Marisela Escobedo, quien fue victimada frente al palacio del gobierno.

Ésta es una reacción de Casa Amiga de esa época:

> Desgraciadamente la violencia aumenta y las mujeres y los niños son los que más sufren. En los últimos tres meses, 40 mujeres fueron asesinadas. La mayoría de los asesinatos se produjeron como consecuencia de la lucha entre los cárteles de la droga, aunque no lo sabemos a ciencia cierta, porque no se efectúa ninguna investigación a fondo. Desde hace 17 años los casos de las mujeres asesinadas se archivan en un expediente sin número, como casos irresueltos, y luego son olvidados. No hay ninguna ayuda para los familiares, que de repente pierden a su madre, hija, tía o abuela. Por lo general se favorece las cifras que manejan las autoridades, por lo que se desprestigia nuestra labor. Las autoridades sostienen que nosotras exageramos la situación y que la violencia ha disminuido.

Sergio Cabada, presidente del Consejo Asesor de Casa Amiga

En 2011 conocí a Sergio Cabada, presidente del Consejo Asesor de Casa Amiga, cuando estuvo de paso en Holanda.

Sergio Cabada es también director del Canal 44, una emisora de televisión de Ciudad Juárez. Siempre había luchado contra la violencia junto a Esther Chávez.

Sergio también estaba muy contento con Irma Casas, quien trabaja mucho y toma las decisiones correctas. Escuchó con mucho interés mis historias sobre las actividades de la Fundación Hester para informar a los políticos, a los ciudadanos y a los medios sobre la situación en Ciudad Juárez. Estuvo gratamente sorprendido al saber que en el Parlamento Europeo se discute el feminicidio y que se han tomado medidas financieras para mejorar la situación.

A 15 años

En 2013 conmemoramos 15 años del asesinato de Hester, momento propicio para volver a celebrar una conferencia en su honor. El ministro de Relaciones Exteriores holandés, Frans Timmermans, aceptó pronunciar el discurso inaugural. Gerdi Verbeet volvió a dirigir el debate y el catedrático Wil Pansters expuso su visión sobre la actual situación. Inmediatamente antes de este evento, Roeland y yo visitamos Casa Amiga para ver personalmente cómo estaban las cosas.

Casualmente nos visitó el embajador de Holanda en México para conocernos. Le pregunté si la situación en Ciudad Juárez había mejorado para que pudiéramos viajar sin riesgo. El embajador nos aconsejó positivamente y propuso que a la vuelta pasáramos por la Ciudad de México. Él invitaría a varias organizaciones no gubernamentales de derechos humanos para que pudieran entablar una discusión con la Fundación Hester. ¡Una idea fantástica! Radio Nederland nos acompañaría en el viaje para registrar nuestras experiencias en video.

¿Qué desea Casa Amiga?

Un ferviente deseo de Casa Amiga es ofrecer enseñanza a las mujeres. Muchas veces las chicas tienen su primer hijo a la edad de 16 años, cuando no han podido concluir la enseñanza secundaria. Los chicos sí la terminan, por lo que se crea una diferencia significativa en la formación. Por eso la fundación quiere ayudar financieramente a Casa Amiga, para que se cree la posibilidad de que las mujeres y las niñas sigan estudiando y obtengan el certificado oficial de estudios que les facilite tener una vida independiente.

Al mismo tiempo, Casa Amiga vería con buenos ojos la continuación de los proyectos en curso y una repetición del concurso de fotografía.

La traducción del libro al español es, naturalmente, un nuevo reconocimiento a la labor que ha llevado a cabo la Fundación Hester a lo largo de los años. A mí me dio nueva fuerza para retomar la vida con energía. Tuve que releer el libro para eliminar o cambiar algunos pasajes. Nuevamente me horroricé al leer sobre todos esos abusos y negligencias en la investigación del asesinato de mi hija. Me sorprendió cuántas cosas se me habían olvidado o simplemente había reprimido. Tal vez haya sido mejor. Ahora puedo invertir energía en la mejora de la situación, sin deprimirme. Al escribir este epílogo me sorprende sinceramente todo lo que hemos logrado con la Fundación Hester.

¡Nuevamente agradezco a todos los amigos de la fundación, a los miembros de la dirección a lo largo de los años, y a mi familia más cercana!

El desenlace

Octubre de 2013. Se cumplían 15 años del asesinato de Hester. Para conmemorar la tragedia habíamos decidido con la Fundación realizar la segunda conferencia en honor a Hester. El ministro holandés de Relaciones Exteriores, Frans Timmermans, pronunciaría un discurso.

Decidimos viajar a México antes de la conferencia para ponernos al día sobre la situación y conocer personalmente a la nueva directora de Casa Amiga, Irma Casas. Antes del viaje casualmente nos visitó el nuevo embajador de Holanda en México, Dolf Hogewoning. Él propuso que pasáramos por la Ciudad de México durante nuestro viaje. El embajador organizaría en la sede diplomática un almuerzo-debate con representantes del gobierno y de organizaciones de derechos humanos, así como con familiares de víctimas.

Durante una de las conversaciones telefónicas con la embajada holandesa en México sobre la organización de ese debate, me comunicaron que había rastros de un sospechoso del asesinato de Hester. El sujeto estaría preso en Estados Unidos. Mi reacción fue bastante lacónica: "Para las autoridades mexicanas es un momento idóneo para venir con una noticia de ese carácter: la conferencia en honor a Hester y el libro que se publicará en español en abril de 2014. Yo también arrestaría a cualquier sospechoso".

Pero unos días después me llamó la representante de la policía holandesa en Washington. La mujer era muy seria profesionalmente y dijo que había 95 por ciento de posibilidades de que el sospechoso en cuestión fuera la persona buscada. Se encontraba en una cárcel de Misisipi cumpliendo pena por un delito menor. Él mismo había publicado su foto en Facebook, con las características más llamativas del supuesto asesino: figura atlética, una oreja malformada y un tatuaje en el brazo musculoso. A pesar de llevar un nombre distinto lo habían localizado.

Durante nuestro viaje tuvimos un encuentro con el procurador general en la Ciudad de México, junto con nuestra abogada Lucha Castro y el embajador de Holanda. Un grupo de expertos nos asesoraba. Se ponía todo el esfuerzo en que el sospechoso no tuviera la oportunidad de escapar. En primer lugar se tenía que tener seguridad de que el hombre se encontrara ilegalmente en Estados Unidos. Aun así, Lucha Castro explicó que "en el pasado los norteamericanos se tomaban la expulsión de ilegales demasiado a la ligera. A veces el deportado en cuestión llegaba inesperadamente a otro aeropuerto. Esto había ocurrido en el pasado y el sospechoso había desaparecido. Para nosotros se trataba de un escenario desastroso".

Poco a poco creció nuestra confianza. El caso fue tratado con mucha responsabilidad. Nos pidieron encarecidamente no decir nada a los medios de comunicación; el hombre podía tener cómplices en todas partes.

Durante la conferencia en honor a Hester tuvimos un enorme susto. La representante de la embajada de México en Holanda tomó la palabra y dijo que felizmente se había localizado al presunto autor del crimen.

La abogada Lucha Castro envió una carta oficial al procurador general para estar segura de que la mantuvieran al tanto de la evolución del caso. Tanto ella como yo obtuvimos acuse de recibo.

La tensión aumentó el día de la puesta en libertad del detenido de la cárcel de Misisipi: el 14 de enero de 2014. Yo me imaginaba, ingenuamente, que el hombre sería expulsado de Estados Unidos el mismo día 14, máximo el 15 de enero. Estuve verdaderamente cautiva del teléfono. Todo mi entorno lo tenía en cuenta. Nadie se atrevía a llamarme y yo no me atrevía a llamar a nadie.

El día 16 ya no aguantaba más. Mandé un correo a la delegada de la policía holandesa en Washington. Felizmente ella me llamó inmediatamente por teléfono: "No te preocupes. No lo expulsarán hasta la semana que viene. Yo ya tengo un boleto de avión y viajaré con él. Estoy encima del caso. Le vamos a dar un tratamiento VIP".

Aun así, el proceso duró una semana más. El 23 de enero recibí la llamada tan anhelada: "Mantenlo en absoluto secreto: mañana a las 18 horas de Holanda lo extraditan, a las 10 de la mañana en México".

Lo único que lograba hacer era pasar la aspiradora y coser. No era capaz de pensar. Felizmente, vino de manera inesperada mi nieto. Él me ofreció la necesaria distracción. Dieron las seis de la tarde. Los minutos transcurrieron… y efectivamente a las 6:12 me llamó la encargada de la policía holandesa en Washington: "Lo tienen; 35 norteamericanos fuertemente armados, lo acaban de entregar a 35 mexicanos igualmente armados y se lo van a llevar en un coche de la policía con las sirenas zumbando. Estoy a 50 centímetros de él, pero ahora tengo que colgar".

Finalmente pudimos llamar a mis hijos y a mi hermana. Qué alivio, después de tantos días de tensión.

Uno de los integrantes de la fundación Hester estaba listo para enviar la nota de prensa. Roeland y yo nos dirigimos inmediatamente a Radio Nederland para hacer grabaciones en video, que a su vez fueron presentadas inmediatamente a CNN en español. La noticia fue difundida el mismo día por Carmen Aristegui en América Latina.

Poco después, fuimos inundados por llamadas telefónicas, correos electrónicos y cartas. El primer correo fue de Lucha Castro: breve, no dejó lugar a dudas; estaba furiosa. El procurador general no le había informado nada, a pesar de haberlo prometido religiosamente.

Casi inmediatamente se publicó en YouTube un video de la detención. Fue muy estrambótico ver de tan cerca al posible asesino de nuestra Hester. ¡Y hablaba! Naturalmente negó haber cometido el asesinato ante las preguntas de los periodistas. Dijo que no sabía nada. Por otra parte también estuvo bien ver su cara. Al cabo de esos 15 años finalmente se hizo realidad su detención. Era mayor de lo que me imaginaba. Ahora tiene 51 años, en aquella época tenía 36; Hester habría cumplido ahora 43 años.

Nuevamente intenté imaginarme lo que habría pensado Hester cuando él buscó tener contacto con ella.

Los más cercanos no paraban de preguntarnos: "¿Vas a México? ¿Cuándo? ¿Cómo te sientes?" Nuestro hijo Germán y nuestra sobrina Jonet estaban totalmente trastornados esa primera noche. Nuestra hija Melisse se mostraba más lacónica y nosotros nos sentíamos aliviados. Maravilloso. Al cabo de todos esos años pude sentir mejor la furia. Estaba contenta porque estaba segura de que el hombre estaba preso, y más contenta todavía cuando se dictó el auto de formal prisión. Aparentemente hay suficientes pruebas. Ahora se necesita un juicio justo, porque creo que eso será de gran importancia para todas las mujeres en México. Si realmente hay suficientes pruebas para acusar al sospechoso oficialmente del asesinato, sería un logro admirable de las autoridades mexicanas. Bravo para el gobierno mexicano, hay que ser honestos. Pero, si resulta que no hay suficientes pruebas… No quiero ni pensarlo. En ese caso hay un claro mensaje para las autoridades: hay que reunir material de prueba de manera experta y conservarlo 15 años o todos los que sean necesarios.

No soy capaz de adivinar el futuro cercano. Pero una cosa es cierta: esa piedra que pesaba sobre mi alma desapareció. Me atrevo a creer que un posible responsable de la muerte de Hester está en la cárcel. Después de 15 años se produjo un milagro. Así lo siento.

Nos sentimos dichosos de tener una abogada tan valiente y luchadora. ¡Estoy segura de que con la defensa de nuestra causa ella es un ejemplo para todas las mujeres en México!

Recuento

IRMA CASAS
Directora general de Casa Amiga

"Hester, una niña espontánea, abierta, simpática, comprometida, sensible, calurosa, con sentido de la justicia, una saltamontes..." Ante esta descripción su madre se pregunta: ¿La caracterizo bien? ¿Qué más podría decir?

Yo respondería que las palabras no alcanzan para describir a una hija, su vida; para hablar de sus virtudes, sus actitudes, lo que disfrutaba, lo que hacía y lo que le faltaba por hacer. ¿Cómo hablar de un futuro que de pronto se esfumó ya que la vida de esa persona fue arrebatada en una ciudad extraña, bajo un telar de dudas, sometiendo a una familia a un dolor indescriptible que cimbró la individualidad de quienes la conocieron y comprometió a toda una comunidad a exigir justicia?

Lo sucedido el 19 de septiembre de 1998 provoca que Arsène van Nierop inicie la lucha por el esclarecimiento del asesinato de su hija; una lucha que expone una realidad vivida por mujeres, niñas y niños en Ciudad Juárez: desapariciones, asesinatos sin esclarecer, niñas y niños abusados sexualmente —todo sin que las autoridades asuman su responsabilidad—, una ciudad empobrecida con carencias extremas para la mayoría de las familias. Entabla relación con un sistema de gobierno cambiante, insensible, falaz, impune; que lejos de dar respuesta a su caso —y a otros— esgrime cada vez más argumentos sin sustento, sin seguimiento, sin voluntad política.

Fue largo y doloroso el proceso de comprensión para Arsène acerca de lo que sucedió, como lo refiere frente a dos policías que le preguntaron: ¿Son ustedes los padres de Hester Van Nierop? "Lo que ocurrió después apenas se puede describir, el suelo se desvaneció debajo de mis pies...". Pocos días sin ver a su hija y ya estaba sumida en una tragedia inexplicable, incomprensible, casi invivible. Describe luego el proceso de duelo, ese proceso de encontrar nuevamente el sentido a la vida aun con la ausencia de la persona. Esa presencia que después de la pérdida se vuelve necesaria en muchas de las vidas. El duelo vivido también desde las expectativas, de qué sucedería en ese momento preciso, luego las preguntas acerca de porqué ella, quién es el responsable y la eterna espera para obtener respuestas, que cuando llegan son a medias, sin argumentos y con claras contrariedades acerca de los qué, porqué, cómo y lo más urgente: qué se hará para lograr la justicia, derecho humano de todas y todos.

Sin embargo, la dolorosa pérdida de Hester es la punta de todo un movimiento, primero interno de Arsène para encontrar nuevos caminos ante sus circunstancias, pero que después continuó, buscando conocer la realidad de una ciudad nada segura para las mujeres, exigir la procuración de justicia a las instituciones gubernamentales y lograr acciones por parte de organismos internacionales, todo ello con la finalidad de que lo sucedido se convirtiera en información global, como una forma de saldar en parte la deuda ante tanta impunidad. Es así como Arsène contacta con Amnistía Internacional y logra de ésta la atención ante el tema del feminicidio, lo que a su vez rebota directamente en medios holandeses y mexicanos, que retoman la situación vivida por miles de mujeres en la ciudad. Hay nuevos bríos en el tema, que desafortunadamente en varios momentos históricos se invisibiliza, aun cuando hay mujeres y organizaciones trabajando por la eliminación de la violencia contra las mujeres, entre ellas Esther Chávez Cano y su organización Casa Amiga, que brindaron a Arsène el conocimiento acerca de la realidad de la ciudad, apoyo para dar seguimiento al caso de Hester.

La semilla ha quedado plantada y empieza a germinar; se crea la Fundación Hester, la cual nace para apoyar a Casa Amiga con la finalidad de transformar la vida de violencia de las mujeres, garantizar su seguridad y honrar la memoria de Hester. Su creación ha llevado a una mayor participación tanto del gobierno de Holanda como del de México en el tema de violencia de género y se ha convertido en un parteaguas para dar a conocer al mundo la injusticia e impunidad que aún reina en la mayoría de los casos de mujeres que han sido víctimas de la violencia de género.

Éste es un libro que ha costado a Arsène escribir. Las emociones son muchas, se muestra el dolor que implica la pérdida de una persona con todo un futuro por delante, arrebatada por una violencia misógina perpetuada por un gobierno inactivo; de pronto pareciera que no se encontrará un nuevo sendero, y sin embargo la gran lección de Arsène, que admiro totalmente, es que es posible transformar su duelo en esperanza, en acción: la transformación de una oruga en una mariposa que busca *soñar todo el tiempo.*

Ciudad Juárez, Chihuahua, enero de 2014

Anexo

ENTREVISTA CON RAÜL ROMEVA

5 de diciembre de 2013

Raül Romeva, europarlamentario, vicepresidente del Grupo de los Verdes, miembro de la Comisión de Derechos de la Mujer e Igualdad de Género, logró en 2007 que el Parlamento Europeo aprobara una resolución sobre el feminicidio en México y Centroamérica. Una amplia mayoría respaldó la propuesta en aquella ocasión: 560 votos a favor, cuatro en contra y seis abstenciones. En la resolución se hace una severa crítica al gobierno mexicano por las escasas medidas de prevención, las débiles investigaciones, "un Estado de derecho deficiente" y porque ninguno de los responsables por los asesinatos cometidos contra mujeres ha sido procesado.

José Zepeda*: En 2006 pocos eurodiputados lo apoyaban cuando comenzó a preparar una resolución sobre los feminicidios en México, que finalmente aprobó el Parlamento Europeo el 11 de octubre de 2007. Desde esa fecha hasta hoy ha crecido el apoyo del parlamento en contra de los feminicidios.

* Entrevista de radiomedianaranja.com

Raül Romeva: Creo que ha habido cierta internalización. En su momento había reticencias muy importantes, incitadas —no lo voy a negar— por el papel que ha tenido la embajada mexicana en la Unión Europa todo este tiempo. En ese momento existía una percepción por parte de jóvenes colegas de que este tema, como incomodaba al gobierno mexicano, era mejor no tratarlo. El caso ha ido evolucionando dentro del Parlamento hacia una asunción e internalización, a tal punto que hay determinados aspectos —que en su momento eran muy cuestionados— que ahora se utilizan como bandera, incluso por parte de la Comisión Europea. Recuerdo que cuando comenzamos el informe había algunos aspectos que nosotros pedíamos y que la comisión los consideraba absolutamente tabú; en cambio ahora es la propia comisión la que se abandera, por ejemplo, con la posibilidad de tener la figura de los Grupos Focales en la Comisión, en relación con los derechos de las mujeres. Creo que estas cosas demuestran también que al final, a pesar de las reticencias, la tenacidad es importante para normalizar temas esenciales en el debate político.

J. Z.: En los considerandos del texto del acuerdo de comercio México-Unión Europea se hace una "total adhesión" a los principios democráticos y derechos humanos fundamentales, tal como se enuncian en la Declaración Universal de los Derechos Humanos: la cláusula democrática y los objetivos de adhesión común a la democracia, los derechos humanos, la paz y un orden internacional equitativo, estable y próspero. ¿Ha servido este acápite para avanzar en el tratamiento del tema del feminicidio en México?

R. R.: Quiero pensar que de algún modo es así, aunque no sea explícito. El gran problema, y no sólo en el caso de México sobre los acuerdos de asociación a escala europea, es que estas cláusulas están muy bien desde el punto de vista de la voluntad política de expresar un deseo, pero en la práctica —hasta donde yo sé— nunca se ha aplicado en serio este tipo de principios. En el caso de México quiero recordar que hemos tenido muchas ocasiones para denunciar no solamente el tema del feminicidio, sino también la violencia estructural, la situación casi de guerra que se sufre en muchos aspectos y, sin embargo, nunca ha habido una apelación a esta cláusula democrática para revisar algunos de los principios. Es decir, el *business as usual* sigue siendo, por desgracia —en el caso de México y el de otras tantas partes del mundo—, la forma que prima. No obstante, también es verdad que la existencia de esta cláusula es la que nos permite, a quienes somos sensibles sobre este tema, recordar continuamente a las dos partes, la Unión Europea y México, que esta relación tiene que basarse en un respeto escrupuloso de ciertos principios, entre ellos el de los derechos humanos fundamentales.

La lucha en contra del feminicidio no tiene solamente componentes económico-políticos, sino también estructurales, como la necesidad de cambio de esa visión patriarcal que tenemos a escala global. Siempre he defendido que la lucha en contra del feminicidio no es algo que afecte solamente a México, sino que también es una lucha universal; y precisamente en ese sentido esta cláusula es la que nos debería permitir tratar el caso no como un problema local, sino como un caso general al que la Unión Europa y México tienen que enfrentarse de forma contundente. Lo digo porque muchas veces, desde México, ha habido quien critica nuestra actitud como una injerencia de la Unión en un tema interno. Insisto, no es un problema exclusivo del país, es un problema universal que tiene circunstancias y visibilidades particulares, que en otras latitudes cambian.

El problema sigue siendo la violencia en contra de las mujeres por el propio hecho de ser mujeres.

J. Z: ¿Qué ha hecho el gobierno de México para cumplir la sentencia de la Corte Interamericana de Derechos Humanos contra el Estado mexicano, emitida el 16 de noviembre de 2009, por el caso de los feminicidios perpetrados en el campo algodonero?*

R. R: Me temo que la respuesta no es tan satisfactoria como algunos hubiéramos querido. Creo que esa sentencia fue un precedente extraordinario porque situó en el mapa jurídico, ya no solamente en México sino a escala latinoamericana, una situación inadmisible que, además, hacía mucho tiempo que se estaba denunciando.

La respuesta que yo habría esperado por parte del gobierno sería que el gobierno se tomara la cuestión del feminicidio como prioridad política, económica, social, jurídica, fiscal; y en cambio

* En noviembre de 2009 la Corte Interamericana de Derechos Humanos condenó al Estado mexicano por violar los derechos humanos en los casos de feminicidio sucedidos en Ciudad Juárez en contra de Esmeralda Herrera Monreal, Laura Berenice Ramos Monárrez y Claudia Ivette González, dos de ellas menores de edad, y por la violencia estatal ejercida en contra de sus familiares. La sentencia detalla la responsabilidad internacional de México y condena la negligencia de las autoridades locales, obliga al Estado a asumir su responsabilidad, pedir perdón, crear un protocolo para la investigación de estos casos, indemnizar a los familiares, retirar a los funcionarios que no actuaron conforme a sus obligaciones, abrir nuevas líneas de investigación y condenar a los responsables de los asesinatos.

no ha sido así. Hay una reacción más bien tendente a minimizar el problema, reducirlo a escala local, muy específica, muy singular, y no entender que cuando hablamos de feminicidio nos referimos a un fenómeno estructural, a un fenómeno que trasciende la propia realidad específica que en su momento tuvo campo algodonero". Aquí tiene una responsabilidad concreta el gobierno federal, pero también otra el gobierno estatal, que no ha estado a la altura del problema de fondo.

Para mí, esto es lo que más preocupa; la apatía o desidia por parte de algunas autoridades de gobierno alimenta la impunidad: no sólo es posible, sino que es la norma. Recuerdo que el propio gobierno y la Comisión Europea nos han insistido en varias ocasiones que 98 por ciento de los delitos que se comenten, especialmente aquellos de violencia sexual, quedan impunes.

Éste es el gran dilema que tenemos que afrontar y la sentencia del "campo algodonero" debió servir para afrontar esta cuestión; deploro que ni a nivel central ni a nivel de los estados esto se haya afrontado de una forma razonablemente positiva.

J. Z. ¿Le ha dado un carácter internacional el hecho de que una ciudadana holandesa haya sido asesinada hace 15 años en Ciudad Juárez?

R. R. Sin duda. Éste es para mí un déficit importante de lo que podríamos llamar "la vanguardia europea en la defensa de los derechos humanos". Me refiero a que si no se hubiera producido esta triste y lamentable situación en la que varias víctimas son de nacionalidad europea —especialmente holandesa— quizá el interés de las cancillerías europeas habría sido mucho menor.

Es verdad que el hecho de contar con esta situación ha permitido que algunos ministerios de Relaciones Exteriores se impliquen directamente.

En otro ámbito tenemos también el papel que ha jugado Finlandia por contar con víctimas de esa nacionalidad.

Ahora, tengo que valorar de una forma absolutamente extraordinaria el papel que ha jugado la familia de Hester en internacionalizar el caso, hacerlo visible, en implicar a la comunidad extranjera y particularmente a la Unión Europea en el proceso. Es fundamental romper el círculo de la fatalidad; no deberíamos en ningún caso esperar a que existan víctimas de nuestra propia nacionalidad para actuar en contra de esta abominación que tiene dimensión global.

En todo caso, tampoco lo voy a negar, la familia ha sido usada con fines políticos; se ha hecho visible un drama que de otro modo habría sido muy difícil comunicar.

J. Z: México tiene un régimen presidencial muy fuerte, de tal modo que la figura del presidente es decisiva. ¿Ha cambiado de algún modo la situación con el reciente cambio de administración, con Enrique Peña Nieto?

R. R. Me temo que no se ha percibido un cambio para mejorar. La situación que constato es de estancamiento estructural. Sigue existiendo un déficit importantísimo en lo que debería ser la respuesta holística, integral a este tema; no solamente desde el punto de vista de la investigación, sino también en la capacidad de denuncia, prevención, educación, formación de fiscales e investigadores —incluso médicos forenses—, capacitación formativa de los abogados que puedan asumir estos casos, lucha contra la impunidad. En todos estos aspectos, me temo, que tenemos un problema de fondo.

Otro aspecto preocupante es el desamparo en el cual se encuentran muchas organizaciones que de una forma u otra —jugándose la vida en muchos casos— pretenden romper esa estructural apatía gubernamental.

El cambio de gobierno, en ese sentido, no ha mejorado para nada, y lo peor es que hay una tendencia a esconder la dimensión real que tiene el feminicidio en un contexto global de violencia y, con esa caracterización, el acompañamiento a las víctimas y a los denunciantes es fundamental.

En este contexto sigue siendo un problema la poca capacidad que hay para perseguir el delito, sobre todo para buscar que las sentencias se cumplan de forma eficaz y ejemplar. No es menor el tema de que perduran dificultades por parte de muchos estamentos del Estado, fiscalías, abogacías e incluso jueces, para entender y determinar en qué casos ha habido, además de violencia, perpetración clara y específica de feminicidios.

Es muy importante visibilizar el feminicidio como hecho específico, en la medida que es una violencia contra las mujeres por el hecho de ser mujeres. Aquí tenemos muchos aspectos que hay que tratar desde el punto de vista de la educación, de la cultura, como también de la capacidad institucional de respuesta. Por todo ello la lucha contra la impunidad es fundamental.

Resumo. No han existido grandes cambios, no he podido verlos en la medida que hubiera deseado verlos.

J. Z. Leía, hace poco, sobre una sesión en el Parlamento Europeo en la que una prominente defensora de derechos humanos decía —no quiero exagerar—: "Lo terrible es que la sociedad en alguna medida justifica." ¿Cuál es la actitud de la sociedad en este tema?

R. R. Aquí hay un aspecto preocupante —por no decir tramposo—, que es el de querer justificar algunas situaciones, conductas o delitos simplemente con el argumento de que esto es algo cultural. Esto lo he tenido que escuchar muchas veces en distintos contextos, donde se busca, si no justificar, sí, de alguna forma, desentenderse del problema por tal vía: "Ah, es que esto aquí es muy difícil enfrentarlo porque es un tema cultural". Cuando escucho este argumento, yo reitero que un principio fundamental es que las culturas pueden evolucionar y lo hacen necesariamente en función de cómo se encaren ciertas situaciones. La lucha contra la impunidad en el caso mexicano es el primer paso para garantizar un cambio social, un cambio en la percepción cultural. La sociedad acepta ciertas situaciones y parece hacerlo en la medida en que percibe que no sucede nada cuando se producen ciertos delitos. El cambio estructural exige que haya ejemplos claros de que esto es inadmisible y que, por lo tanto, la sociedad como tal debe dejar de aceptarlo.

A pesar de que hay quien quiera justificar esto como un elemento de tradición cultural, la responsabilidad de las instituciones públicas, y sobre todo las políticas, es corregir estas anomalías, y que la sociedad asuma de forma intrínseca que esto no solamente no se debe permitir, sino que es algo contra lo cual hay que luchar directamente.

Un grito de socorro desde Juárez, de Arsène van Nierop
se terminó de imprimir en abril de 2014
en Quad/Graphics Querétaro, S. A. de C. V.,
Fracc. Agro Industrial La Cruz El Marqués
Querétaro, México.